JN410326

부창민 에세이

빛의 아름다운 진화

빛의 아름다운 진화

부창민 에세이

1판 1쇄 인쇄/ 2017년 9월 25일
1판 1쇄 발행/ 2017년 9월 30일

지은이 / 부 창 민
펴낸이 / 우 희 정
펴낸곳 / 도서출판 소소리

등록 / 제300-2007-21호
03073 서울 종로구 성균관로5길 39-16
전화 / 765-5663, 010-4265-5663
e-mail: sosori39@hanmail.net
www.sosori.net

값 13,000 원

*잘못된 책은 바꿔드립니다.

ISBN 979-11-5891-082-2 03810

빛의 아름다운 진화

부창민 에세이

책을 내면서

내가 가장 좋아하는 말은 '빛'이다.

모파상이 마지막 남긴 말은 "어둡다, 아아, 어둡다!"라는 외침이었다. 그의 영혼 속에서 끝까지 어둠으로 있었던 것은 무엇이었을까? 그렇다! 나 또한 미로 속 어둠에서 탈출하려는 애벌레에 지나지 않는다.

그래서 1년 동안 bloom(첫딸)이 선별해준 영화관에서 감상한 58편(매주 1편)을 한줄기 빛으로 잡았고 '부창민의 영화이야기'는 그렇게 세상에 빛을 보게 되었다.

그래서 종암중학교(이현진, 우진아)독서클럽, 탐정학회 등지에서 필독서로 읽혀졌다니 그냥 부질없이 날갯짓만 하다 꺼져가는 불나방은 아니다. 4년 전 일이다.

전국 행정사협회 지도교수로 강의를 하면서 인터넷 등지에서 건저올린 자료들을 나의 후학들에게 리메이크해서 열강한 이른바 '가슴으로 쓰되 머리로 정리해야 하는 수필의 정통'에 못 미친다는 것을 잘 알지만 '빛의 아름다운 진화'는 little boo(셋째) 내외의 5살 아린(외손녀)에 대한 나의 소망을 담았으니 '난, 내가 그냥 햇살이라면 좋겠다(조윤정 『뜬금없는 기억들』)'는 의사표시에 접근한 셈이 아닌가 싶다.

수필 속성인 자신의 옷을 벗는 일에서 더 이상 벗을 옷이 없다며 탈출한 것이 영화 평론이었듯이 나는 현존하는 사람들에게 만나서 기분 좋았던 사람으로 기억되고 싶을 뿐, 내가 그냥 맛이고 멋이었으면 좋겠다.

이 모두를 가능케 한 수필이야기 동인회 조윤정 회장님, 소소리사 우희정 대표님, 영원한 로맨티스트 성춘복 시인님, 수필이야기 25년 지존들의 소리 없는 격려도 용기가 되었음을 전합니다. 그대들을 사랑합니다.

2017년 7월 불볕더위 식히는 빗줄기를 염원하면서

부창민

▷ 차 례

1. 빛의 아름다운 진화

2. 강남의 마타하리

3. 피어라, 꽃들

4. 데뷔 & 차세대론

1.

빛의 아름다운 진화

빛의 아름다운 진화

한평생 첼로만을 연구하고 사랑했던 첼로의 성인이었던 파블로 카잘스는 예술가의 삶이 어떠해야 하는가를 몸소 보여주고 실천했던 한 사람의 훌륭한 인격자이자 양심의 소리이다.

잔인한 대학살이 그 어느 때보다 많았던 인류의 20세기를 인간이 견뎌낼 수 있도록 신이 내려준 축복이자 선물이었던 파블로 카잘스를 딸(아린, 2013.1.9생)이 닮았으면 좋겠다고 셋째인 리틀 부내외가 바람을 전했다.

한때 10대 영재로 연세대 재학 중 독일 베를린에서 성악을 전공하여 유학하고 돌아온 아린의 아빠(서용성)는 리틀 부를 만나 결혼하면서 자신의 전공을 포기하고 현재는 유망한 사업을 하고 있다. 두 딸의 예술종합대학을 거쳐 미국 이스트만에 유학하기까지 공직자로 은퇴한 나로서는 능력의 한계로 재능이 있는 이들이 음악을 중도에 포기한다한들 할 수 없다는 심정으로 앞만 보고 살얼음판을 걸어왔던 것이 사실이다.

현재 리틀 부는 자신이 전공한 첼로 연주자로 모자람 없는 꿈의 실현을 하고 있음에 그녀를 외조해주는 사위나 사돈댁이 너무나 고맙고 그들의 인간적 베풂에 그냥 염치없이 행복해 있는 것이다. 해서 이들 내외에게서 태어난 손녀 아린이를 더 없이 그들이 애지중지하는 이상으로 축복하고 있는 것이다.

아린이가 태어나 100일을 알리던 날, 조각처럼 반듯한 이마와 미소를 머금고 금방 할아버지라고 말할 듯한 손녀를 차마 때 묻은 가슴으로 안기가 죄스러워 그냥 성경구절을 인용해 글을 옮겼을 뿐, 훗날. 손녀가 자라서 언어가 채 영글지 않았던 날. 외할아버지가 이런 글을 쓰셨구나 읽혀지기를 바라면서 '아련한 울림으로 세상을 밝히라.' 제하의 글을 써 보낸 적이 있다.

아린!
두 손을 꼭 쥐고 네가 태어난 세상
엄마가 빚은 첼로의 빛깔과
아빠가 그려놓은 사랑의 성원이란다.
숨비소리 여미어온 100일!

금방 말을 할 것 같은 눈맞춤에
행복이 무엇인가를 확인한 할아버지는
완벽한 작품을 접하고 한없이 기뻤단다.

수태고지로 사돈댁을 흥분시키고
분만의 고고한 시간을 지켜낸 식솔에
'아린' 이름은 아빠가 목욕재계로 지은
이름이라 세상에 때 묻지 않게 잘 간직하렴.

버금아, 기린 린은 겸손하고
고고히 기린처럼 장수하여
이름 그대로 삭막한세상에 소리 빛 되어 어둠을 밝히는
등대가 아닌가 생각했단다.

아린은
아빠의 울림
엄마의 소리 빛음으로
꿈을 여민 희망초가 되어
때론 짙은 울림으로
깊은 소리 빛이 되어
삭막한 세상을 밝히고
결코 어둠의 빛을 이길 수 없음을 증명할지니
(Darkness can not prevail against light)

아린이는
여호와의 주신 기업이요
태의 열매로 그의 상급이라
미몽에 쌓인 순간을 뛰어넘어

아빠의 울림과
엄마의 소리 빚음으로
다가선 희망의 메시지로서
양가의 커다란 기쁨덩이로
일어나 빛을 발할지어다.

2013. 04. 16. 100일의 기도

파블로 카잘스가 누군가에 쓴 것으로 보이는 글에는 이렇게 희망의 메시지를 담고 있어 눈길을 끈다.

넌 네가 어떤 존재인가를 아니?
넌 하나의 경이야
넌 매우 특별한 사람이야.
내가 나이를 먹고 성장해가는 매순간마다
너와 같은 나이는 이 세상에 단 한명도 없었어.
너의 다리, 너의 팔
너의 솜씨 좋은 손가락, 네가 걷는 모습.
그 모든 것이 특별해.
넌 셰익스피어가 될 수도 있고
미켈란젤로 같은 화가나,
베토벤 같은 음악가도 될 수 있어
넌 무엇이든지 할 수 있는 능력을 가지고 있어.
그래, 넌 정말 놀라워
그리고 그건 다른 사람들도 마찬가지야.
그들 역시 놀라운 존재들이지

넌 네가 어른이 되었을 때
너처럼 똑 같은 놀라운 존재인 다른 사람 등에게
상처 주는 일을 할 수 있다고 생각하니?
넌 그때 가서 이 세상을
세상 모든 아이들에게 가치 있는 장소를 만들어야해.

나는 음악을 전공하는 두 딸로 하여 세계적인 거장들의 기록에 관심을 갖게 된 것인데 파블로 카잘스가 왜 리틀 부가 자신이 전공한 첼로를 아린이가 전공했으면 하는 바람을 가지고 있는지 간접적으로 간파할 수 있어 음미해본 내용이다.

1876년 12월 29일 스페인 카탈로니아의 벤드렐에서 태어난 파블로 카잘스는 20세기 첼로의 거장으로 이름을 남길 수 있었는데 첼로 연주자로 교회 오르가니스트였던 아버지의 영향을 크게 받았고 그의 어린 시절부터 음악을 접했던 기초가 되었던 것 같다. 11세에 바르셀로나음악원에 입학한 그는 호세 가르시아에게 첼로를 배웠다고 하며 후에 마드리드, 파리 등지로 옮겨가며 어렵게 공부했다고 한다.

이후 바르셀로나에서 첼로 주자로 자리를 잡은 그에게 기회가 주어진 1899년, 그는 파리에서 라무뢰 오케스트라와의 협연이 대성공을 거두었고 그리하여 세계적인 명성을 날릴 수 있게 된 것이다. 그로부터 약 15년간 파리에 살면서 바이올린의 자크 티보, 피아노의 코르토와 트리오 활동으로도 이름을 날렸다.

1920년부터는 바르셀로나에 사재를 털어 오케스트라를 창립해 지휘하며 노동자들을 위해 연주하기도 했다. 조국 스페인이 내란(1937)에 이어 프랑코 독재정권에 들어가자 그에 대한 항의의 표시로 피레네 산맥의 작은 마을 프라도에 은거하며 공식적인 연주 활동을 중지했다. 이처럼 그는 신념에 찬 당대의 예술가로 10년 동안 연주를 하지 않았을 정도였다.

1950년, 프라도에서 바흐 탄생 200주기를 맞이해 음악제를 개최하면서 다시 연주를 시작한 그는, 1957년 푸에르토리코로 옮겼고, 60년부터는 말보로 음악제에서 지휘에 힘을 쏟았다. 그는 '현악기의 왕자'라고 일컬어지며, 현대의 첼로 연주법은 그에 의해 이루어지고 현대의 연주계에서 첼로가 차지하는 높은 지위 역시 그에 의해 이루어졌다.

그야말로 작곡가 드보르작이 했던 불평인 '첼로는 마음에 들지 않는다. 중음역은 훌륭하지만 저음역은 웅웅거리기만 하며 고음역은 코 먹은 소리가나기 때문이다.'란 말을 세기적인 의미에서 처음 극복한 사람이기 때문이다.

첼로의 성서, 바흐 무반주 첼로 모음곡, 첼리스트 카잘스를 말할 때 그가 첼로의 새로운 운지법을 고안해냈다는 것 말고, 더욱 중요한 것이 있다면 그와 바흐의 무반주 첼로 모음곡의 만남일 것이다. 그의 회상은 이렇게 이어지고 있다.

"그날 아버지는 나에게 처음으로 풀사이즈의 첼로를 사주셨다.

그리고 우리는 부둣가의 오래된 악보 상점에 들렀다. 많은 스코어(score: 악보)들을 여기저기 훑어보다가 우연히 낡고 색이 바랜 한 묶음의 스코어를 발견했다. 아, 그것은 요한 세바스찬 바흐의 '무반주 첼로 모음곡'이었다.… 나는 마치 왕관에 달린 보석들처럼 그 악보를 품고서 돌아와 방에 처박혔다. 그리고 몇 번이고 계속 탐독했다."

"그때 내 나이 열세 살이었지만 그 후 80년 동안 그것을 처음 대했을 때의 놀라움은 항상 생생하게 마음속에 남아 있다. 나는 말로써는 다할 수 없는 흥분을 느끼며 이 곡을 연습하기 시작했다. 12년간 매일 밤 그 곡을 연구하고 연습했지만 그중 한 곡이라도 무대에 올릴 수 있는 용기가 생기지 않았다. 결국 스물다섯 살이 되어서야 비로소 연주해도 되겠다는 용기를 갖게 되었다."

알버트 칸 역시 '나의 기쁨과 슬픔, 파블로 카잘스' 무려 200여 년간이나 먼지 속에 잠들어 있던 바흐의 걸작 '무반주 첼로 모음곡' 악보를 거리의 헌책방에서 발견한 것이었다고 술회한다. 이때부터 둘은 항상 붙어 다녔고 이 곡으로 인해 카잘스는 첼로의 마에스트로가 되었지만 더 나아가 카잘스로 인해 이 곡은 첼로의 성서가 되었다. 가장 인간적 요소를 갖추었다는 첼로! 악기가 지니고 있는 깊은 표현력을 최대한 활용, 바로크 음악의 정수인 이 곡에 대한 카잘스의 열의는 대단한 것이었다. 카잘스는 이 곡을 발굴한지 47년, 공개로 연주한 지 35년이 지난 1936년, 그의 나이 60세에 이르러서야 비로소 녹음을 했다고 전한다.

'무반주 첼로 모음곡'은 그래서 1936년부터 39년까지 3년 동안에 녹음되어 전 3매 전집으로 발매되었다. 카잘스는 죽기 직전까지 페스티벌을 쫓아다니며 연주하고, 가르치고, 인류애를 설파했다. 그리고 세상에 머문 지 100년을 못 채우고 97년 만에 홀연 떠나갔다. 지금도 그가 마지막으로 거주했던 산 살바도르의 바닷가에는 '바흐의 정원'이 있다.

한 기자와의 인터뷰에서였다.

"역사상 가장 위대한 첼리스트로 손꼽히는 선생님께서 아직도 하루에 6시간씩 연습하시는 이유가 무엇입니까?"

92세의 카잘스는 활을 내려놓으며 대답했다.

"왜냐하면 지금도 제가 조금씩 발전하고 있다고 생각하기 때문입니다."

20세기 첼로 거장 파블로 카잘스는 '음악이 세상을 구원할 것'이라는 명언을 남겼다. 우리 손녀 아린이도 음악으로 세상을 구원해 달라고 기도하면 노욕일까?

한편, 리틀 부는 '청중을 잘 이해하고 풍부한 표정과 표현력으로 전달하는 능력이 뛰어나다'고 평가받고 있다. 서울예술고등학교를 졸업한 뒤 한국예술종합학교 음악원에 수석 입학, 졸업 후 Eastman school of Music에서 1년 반 만에 조기졸업을 하여 석사학위를 취득하였다. Eastman School of Music 시절에는 Anne

Hayden McQuay 장학금을 수여받았고, National Orchestral institute를 전액장학생으로 참가하여 세계적인 지휘자들의 지도 아래 오케스트라를 공부하였으며 Elan international music festival, Isikawa music festival 등 여러 국제음악 페스티발에 참가하였다고 유학생활 전반을 소개하고 있다.

또한 일찍이 제주 KBS콩쿨 대상, 월간음악콩쿨 금상 등을 수상하며 음악적 재능을 인정받았으며, 김덕수 사물놀이와 함께 연주하였고 한일교류음악회, 국민일보 신인음악회 등 많은 음악회에 출연하였다. 영산양재홀에서 초청독주회를 하고 예술의전당 콘서트홀에서 JK앙상블과 협연한 부윤정은 수원시향, 익산시향, 제주시향, 제주챔버오케스트라, 제주청소년오케스트라, KT오케스트라와 협연하며 오케스트라와의 호흡도 꾸준히 맞춰왔다.

대학 시절 세계적인 첼리스트 정명화 교수에게 사사했고, 유학시절에는 Steven Doane과 Alan Harris와 함께 공부하였으며, Daniel Borisovich Shafran, Jian Wang, Laurence Lesser 등 많은 대가의 마스터클래스에 참가하며 음악적 소양을 넓혀왔다. 앙상블도 관심을 가져 고등학교 시절부터 서울 청소년 실내악콩쿨 금상 등 실내악활동을 꾸준히 하여 화음 챔버오케스트라와 JK앙상블, 공간앙상블과 함께 활발한 연주활동을 하고 있는 그녀는 정명훈이 이끈 Asia Philharmonic Orchestra 10주년 기념 연주와 통영국제현대음악축제에 참가하여 앙상블 Be 첼로수석으로써 연주자상을 받았고, 예술의 전당 실내악축제 오프닝 콘서트에 초청되어 연주하기도 하였다.

필하모니아코리아의 수석, 서울시립청소년교향악단, 유라시안오케스트라, 제주시향 등 국내 오케스트라 객원 수석을 역임한 그녀는 세계일보콩쿨, 서울필하모닉오케스트라콩쿨 등 국내 다수 콩쿨에서 심사위원으로 활동하였으며, 한국예술학교 예비학교, 한국예술학교 음악원, 그리고 제주대학교 강사를 역임하였던 경륜으로 현재 한국예술종합학교, 가톨릭대학교, 상명대학교에서 후학을 양성하고 있으며 (사)뷰티풀마인드, 서울예술고등학교, 예원학교, 선화예고, 계원예중, 덕원예고에 출강중이고 메리첼리인 제주의 음악감독으로 있으며, DMZ International Music festival, Just Vivace Festival, 포천 베어스타운캠프에서 연주하고 지도하며 제자들을 키우는데 정성을 다하고 있다.

국내에 들어와 미래의 음악가들을 발굴하는데 심혈을 기울이고 있는 부윤정은 이미 많은 제자들이 국내외 많은 콩쿨에서 우수한 성적으로 입상하며 교육자로도 실력을 인정받고 있지만 진즉 자신의 딸을 가르치는데도 미지수이고 아린이가 이런 부모를 얼마나 닮을지는 미완으로 주목되는 대목이 아닐 수 없다.

자기파괴는 예술가의 숙명인가?

영화 '블랙 스완(Black Swan)', 대런 아로노프스키 감독, 나탈리 포트만, 뱅상 카셀, 밀라 쿠니스 출연.

'블랙 스완'은 '백조의 호수'에서 촉망받는 한 발레리나가 '검은 백조'로 변모하는 과정을 묘사한 기이한 사이코 섹슈얼 스릴러(psycho sexual thriller) 영화이다.

'당신의 심장을 할퀴는 사이코 섹슈얼 스릴러', '흑조를 탐한 백조의 핏빛 도발'이라는 짧은 평이 강한 매혹으로 다가오는 영화. 내가 이 영화를 관람하게 된 것은 'Little Boo(첼로를 전공한 셋째딸)'의 강력한 추천에 따른 것이다.

최고의 완벽을 위한 인간의 무서운 집착을 그린 심리영화 '블랙 스완'은 목적마저 상실한 듯 치달아가는 집착을 통해 '자기 파괴는 예술가의 숙명인가?' 하는 의문을 품게 한다. 빼어난 연기력으로 호평을 받은 나탈리 포트만에 대해서는 논외로 하겠지만, 그녀가 연기한 니나의 심리변화는 마지막으로 갈수록 소름이 끼칠 정도로 리얼했고, 그래서 더 무서웠다. Little Boo가 왜 이 영화를 굳이 예술방면에 문외한(門外漢)인 나에게 권유한 이유는 무엇일까?

Little Boo는 평소 입버릇처럼 '나를 통제할 수 있는 것은 나밖에 없다'라고 말해왔다. '블랙 스완'에서 니나가 자기 안의 하얀 백조를 버리고 검은 백조로, 즉 순수한 백의 세계를 버리고 흑의 세계로의 도발을 강행하고 있다면, Little Boo는 현실 속에서 백의 세계로의 끝없는 지향점을 찾아가고 있었다. 현실이 Little Boo에게 흑조가 되길 유혹하더라도 Little Boo 특유의 긍정적인 마인드와 방어기재로 백의 세계를 지켜왔다는 것을 아빠에게 전하고 싶었던 것이 아닐까?

Little Boo는 초등학교 4년 때부터 첼로 레슨을 받아 왔는데, KBS음악콩쿠르에서 대상을 수상한 것을 계기로 음악가로서의 길을 걷게 되었다. 당시 심사를 담당한 모교수가 러시아 첼리스트 '사흡스카야'와 외모도 첼로 폼도 닮았다고 한 말에 매우 고무되어, 몇 년 후, 모스코바 캠프를 다녀올 정도로 억척 기질을 타고 났다. 이러한 Little Boo는 겉으로는 음악가로서의 탄탄대로를 걷는 듯했지만, 열악한 환경과 내적 갈등 속에서 자기 자신을 끝없이 단련해야 했던 것으로 보인다. 그렇기 때문에 이 영화에서 한 명의 발레리나가 선한 백조(오데트)와 악한 흑조(오딜)를 동시에 연기했다는 점에서 자신과 강한 동질감을 느낀 게 아닌가 싶다.

사실 나를 비롯한 그녀의 주변 사람들은 모두 Little Boo가 첼로 이외의 다른 길을 걷는 것은 상상도 하지 못한 일이었다. 그건 본인도 그렇게 느끼며 컸을 것이다. Little Boo는 첼로와 함께 성장해서 그런지 몸 균형 역시 첼로를 세워놓은 모습 그대로인데다가 오른손가락과 왼손가락의 길이가 현저히 차이가 날 정도로 첼로에 열중해왔다. 'Little Boo=첼로'라는 공식이 떠오를 정도로 그녀는 스스로 첼로가 되었다.

서울예고, 한국예술종합학교, 이스트만 음대 조기졸업까지. 그녀의 화려한 스펙 뒤에는 첼로와 보낸 고된 여정과 인고가 내포되어 있을 것이다. 비올라를 전공하는 언니와 커피 한 잔조차도 나눠 마셔야 하는 열악한 유학 생활 속에서도 특유의 낙천성과 재능으로 장학금을 받고 조기 졸업을 하여 그 어렵다는 코스도 성공적으로 마칠 수 있었다. 그 당시에는 고통이었겠지만, 또 중간에 그만두고 싶다는 생각을 강하게 내비치기도 했지만, 지금은 그 시기를 이겨왔기에 스스로 '축복받은 달란트'를 키우게 되었다고 자부한다.

이처럼 예술이란 심장을 쥐어짜는 고통 그 자체이기에 Little Boo는 '블랙 스완'에 강한 동질감을 느낄 수 있었고, 자신의 내면의 극으로 달려가는 니나를 보면서 오히려 치유 받을 수 있었던 것이다.

오직 완벽을 꿈꾸는 발레리나의 심리적 압박과 망상만이 실재하고, 차이코프스키 '비창교향곡'이 비극적인 운명을 암시함으로써 절묘하게 하모니를 이뤘다는 평을 받는 '블랙 스완' 프로이드의 무의식을 빌리지 않더라도 Little Boo는 자신의 내면 깊은 곳에 자리한 양가감정을 '블랙 스완'을 통해 전하고 싶었음이 분명하리라. 이는 이 영화 '블랙 스완'의 핵심으로, 수호신 격인 백조 역시 악마적 분신이라 할 수 있는 흑조와 함께 존재하고 있음을 증명해 보이려고 했던 것처럼 말이다.

'블랙 스완'이 디자인적 측면에서 하얀색(백조) 안의 검은색(백조), 양면성으로 표현되었다면, 그 배경음악인 차이코프스키의 '백조의 호수'가 함축적으로 은유하고 있는 의도된 메시지는 무엇일까? 일반적으로 '백조의 호수'는 발레의 교과서이며 신약성서에 해당한다고 한다. 차이코프스키 음악은 낭만파 음악 중에서도 자기희생적 파괴를 통해 예술을 한 차원 더 승화시켰다는 평을 받는다. 차이코프스키 자체가 내성적인데다 동성애자라는 콤플렉스가 있기에, 이로 인한 사회와의 괴리 속에서 신음하고 분투했던 고독한 음악가였으니까. 차이코프스키는 러시아 최고의 작곡가 반열에 올랐음에도 그의 생애는 그 정점에서 허망하게 막을 내리고 말았다. 차이코프스키의 마지막 작품인 '비창교향곡'은 그의 비극적 운명을 상징하듯 듣는 이의 가슴까지 찢어놓는, 더없이 처절한 파국적 결말로 귀결되어 일명 '자살교향곡'으로 불리고 있다. 이를 반영이나 하듯 차이코프스키는 이 곡을 발표한 직후에 세상을 떠났는데, 그의 사인도 자살이라는 설이 유력하다. 그렇다면, '블랙 스완'의 음악 역시 자기파괴를 통해서 완성된 예술이라고 할 수 있지 않을까?

Little Boo는 지난 2월 14일, 결혼했다. 삶의 큰 마디를 하나 넘은 셈이다. Little Boo를 성악을 전공한 그의 남편 토마스에게 인도하면서 나는 설레는 마음을 가눌 수 없었다. 이제 조금 더 성숙해진 Little Boo의 예술 세계를 만날 수 있지 않을까 해서. 사람에게는 누구에게나 백조와 흑조의 세계가 공존하지만, 예술가들은 그 세계가 내면에서 더욱 첨예하게 대립되는 것 같다. 누구나 선망하는 배역인 백조의 호수의 오데트 혹은 오딜. Little Boo의 앞으로의 행보가 기대된다. 자신의 흑백을 앞으로 어떻게 조절하고 표출할 것인가. 영화 '블랙 스완'이 차이코프스키의 대표작 '백조의 호수'와 더불어 앙상블을 이룬 것처럼, 또 하나의 예술세계를 암시한 Little Boo가 결혼을 통해 토마스와 어떤 앙상블을 빚어낼지, 그저 이 아빠는 한 걸음 물러나 예술가의 숙명을 주시하고 기대하고 응원할 뿐이다.

$1\frac{1}{3}+\alpha$

이태리 기호학자이며 철학자, 작가인 움베르트 에코는 '미니픽션도 하나의 사진'이라 했고 20세기 현대소설가인 제임스 조이스(James Joyce)는 '언어로서 시각적 이미지'를 보여 주었으며 아르헨티나 시인이자 소설가인 호르헤 루이스 보르헤스(Jorge Luis Borges)는 '아이디어를 이미지로 디자인' 했다지 않은가?

$1\frac{1}{3}+\alpha$. 여기 $1\frac{1}{3}+\alpha$는 나의 가족의 의미를 시각디자인화한 것이다.

미켈란젤로는 87세에 시스티나 예배당 정면벽화 '최후의 심판(1536~41)', 파올리나 예배낭의 벽화 '바울의 개종'과 '베드로의 순교(1542~49)'를 완성했다. 베르디는 80세에 아베마리아를 작곡했는데, 먼저 베이스에 수수께끼 음계가 나타나게 하고, 알토 다음 테너, 마지막에 소프라노에 나타나게 함으로써 상행 하행 음계진행이 틀리게 하는 완성도를 보였다고 한다.

미국 피아니스트 아르투르 루빈스타인(Arthur Rubinstein)이 95세에 연주회를 열고 작고하였으며, 괴테의 최대 역작이자 마지막 작품인 '파우스트' 역시 24세 때부터 구상을 했지만, 죽기 1년 전에 비로소 완성할 수 있었다.

빅토리아朝의 대표적인 시인으로서 '언어의 마술사'라고 불렸다는 알프레드 테니슨(Alfred Tennyson, 1809~1892) 역시 89세에 가장 유명한 시를 빚었으며, 영국의 글래드스턴 경은 85세에 영국수상을 지냈다. 위의 실례들에서 보는 것과 같이, 예술을 포함한 모든 업적의 완성에는 '시간'이 필요한지 모른다.

이제 나는 '로버트 브라우닝'의 독백 '하느님의 사람으로서 사랑하며 감사하며 살아가기에 인생은 너무 짧다'처럼 내게 주어진 여생을 사랑하며 감사하기 위해 이처럼 주제를 설정한 것임으로 사변적인 가족사가 나오더라도 독자들이 너그러이 이해해주기 바란다.

나는 가족구도에 나의 소망과 기도를 닮은 효과적인 표현이 없을까 늘 고뇌해 왔다. 그래서 수학을 전공한 O(준용)군에게 아들과 딸 3명에 대한 나의 의도를 타진한 사실이 있다. 다음은 그가 가르쳐준 등식을 가계구도에 적용해 본 것이다.

'1⅓=1+1/3=(1/3+1/3+1/3)+1/3=1/3+1/3+1/3+1/3 즉 A=1/3+1/3+1/3=1, B=1/3, A+B=1+1/3=1⅓=4/3'

여기에 크게 반응한 큰딸이 발끈하고 나왔다. 1은 아들이고 1/3

은 딸들이며 α는 사위로 이 등식은 양성평등에 역행하고, 다분히 가부장적 권위를 의도적으로 노골화시켰다는 것이다.

나는 하루를 헬스클럽 러닝머신 위에서 기도를 하며 시작한다. 성경적으로 고난의 숫자인 40분을 하루도 빠짐없이 뛰면서 우리 가족 모두가 강건하기를 기도해왔다. 1(아들)에겐 내가 다하지 못한 염원을 그가 채워주기를 바라며, 1/3(딸들)은 그들이 타고난 달란트대로 쓰임 받는 도구가 되어 달라고… 매일 아침 정시기도로 이들의 승리를 기도하며 여명에서 황혼에 이르기까지 하루를 마감해 왔다.

아이들에 대한 구체적인 내용을 더 이상 언급하는 것은 팔불출이 될 수 있기 때문에 가계구도상 α에 대한 설명을 함으로써 이 수식에 대한 부연설명을 하고자 한다. 사실 지난 2011년 『수필이야기』 제Ⅶ에 기고한 졸저 '자기파괴는 예술가의 숙명인가?'는 첼리스트인 셋째 딸(Little boo)에 대한 이야기였는데, 당시 부군인 'α'는 자신에 대해 딱 한 줄만 언급한 것에 대해 서운함을 표시한 적이 있다. 이에 늘 마음이 걸려서 이번 글에서는 사위의 상징적인 'α'를 언급함으로써 그에 대한 미안함을 씻고자 한다.

α(서용성군)은 서울예고를 졸업하고 연세대 음악대학 재학 중 독일에 유학, 베를린국립음악대학교에서 성악을 전공한 후, 한양대 사회교육원문화예술CEO과정에서 문화예술을 강의하고 있으며, 'Forbes' 잡지의 국내 CEO인터뷰의 카운터 파트를 맡아 인터뷰

를 주관하고 있다. 그는 국민의 정부 김대중 대통령 취임식, 독립기념박물관 설립 기념식 등에서 애국가를 부르기도 했다.

α의 어머니 정 여사는 홍익대 산업디자인과를 졸업하고 제조업을 하던 남편을 만나 예술가의 꿈을 접은 듯(?)하다. 그래서인지 유독 α에 대해 음악적 소질에 포커스를 맞췄는가 싶은 듯, 당시 영재들만이 입학할 수 있다는 예원, 예고에 입학을 시킨다. 이어 연세대 음악학교재학 중 독일 유학길에 오르도록 한 것부터 그녀의 예술에 대한 열정이 어느 정도였나를 가늠할 수 있다.

크리스찬(장로)이었던 남편(서민호)을 가톨릭으로 개종시켜 일가의 종교일치를 도모함으로 구교도 가풍으로서의 전통을 유지하고 있는 것 등에서도 조용한 카리스마를 읽을 수 있겠다. 그러나 α와 Little boo는 개신교를 고수하고 있다고 한다. 유독 아들사랑에 비중을 두고 있기 때문인지 α의 종교관을 꺾지 못한 것으로 보아 아들에 대한 애정을 읽을 수 있지만, 이는 학업의 전 과정을 미국에서 이수하고 현재 외국인회사 아날리스트(Analysist)로 근무하고 있는 누나의 실용주의(pragmatism)적인 가치관과 우호적인 지원에 힘 입은 바가 적지 않은 듯하다.

나(필자)로서는 사부인과 식솔에 대해 더 이상 기술할 자료를 갖고 있지 않다. 다만, 지난 상견례 석상에서 완벽한 조각처럼 다소곳한 모습과 지적호기심으로 유난히 안광이 빛났던 두 모녀에 대한 기억만이 강렬하게 남아 있을 뿐. 그러나 아들인 α의 짧고도

응축된 표현을 빌리자면, 그녀는 '일(디자인)을 사랑하고 삶을 주체적으로 마주했던 여성이었다.'

자신에 대한 예술 열정으로 애써온 한 여인(모친)에게 그는 예술을 이 시대의 정치로 승화시킬 야망을 피력하고 이에 보상하려고 하고 있는지 모른다. 그래서 그의 관심사는 문화체육부가 하는 일에 집중되어 있다. 21세기를 질풍노도를 달릴 α와 Little boo의 쌍두마차가 1(아들)과 트로이카 체제가 되어 1⅓+α를 완성할 때, 그들의 미래는 찬란한 빛으로 가득찰 것이다.

이를 지켜보고 있는 남자 사돈(서민호)은 아들에게 '항상 아무것도 하지 않는 것보다 실패를 하더라도 끊임없이 도전하는 편이 낫다.'고 격려했고, 사부인 역시 '최선을 다해라. 용감하게 그리고 무엇보다 즐겁게 일해라.'고 무조건 아들과 며느리의 손을 들어준다는 말을 전해 듣고 있다.

언제나 삶의 여정을 단순함의 미학 VS 파격과 개성으로 한 시대를 풍미했던 사돈댁에 대해 Little boo를 통해 간접적으로 느낄 수밖에 없는 수준에서 깊이 없는 한계의 글로써 대신할 수밖에 없음을 실토하면서 말이다.

무대를 가득 채울 것 같은 외관의 무게감과 성악으로 다져진 무대체질인 α(서용성)은 한번 만난 사람은 스스로 끌려오게 하는 매력을 지녔다. 뛰어난 친화력으로 자기 사람으로 만드는 타고난 마성 같은 붙임성이 향후 어떤 상황에서도 독보적인 존재임을 과시

할 수 있는 근간이 되리라. 이는 그만의 독특한 화법과 친교로 그가 만나는 문화예술인들을 사로잡고, 토론과 인터뷰로 이해 폭을 넓혀가는 'Forbes'지에서도 엿볼 수 있는 대목들이다.

'한쪽 눈을 살짝 감고 셔터를 누르는 것은 또 한쪽 눈으로 마음의 눈을 뜨기 위해서다.' 프랑스 사진작가 앙리 카르티에 브레송(1908-2004)의 말이다. 그가 사진을 단순한 '기록매체'에서 예술의 영역으로 끌어 올렸다면, α는 자신의 영안으로 문화예술의 기록매체를 각인시키고 정치화 과정을 구성해 가고 있는지 모른다.

브레송의 사진철학을 '결정적 순간'이란 단어로 요약할 수 있다면, 그는 '결정적 끌림'으로 자신이 만난 인물들을 자신의 마련한 문화예술- 정치무대 공간으로 초청하고 있다고나 할까.

특정한 상황이나 인물의 핵심을 포착하는 직관적 능력은 그만이 갖춘 능력이다. 그가 만난 인물들의 장점들을 '순간'으로 포착하는 기술은 어디에서 나오는 것일까? 그 어떤 인위적인 연출 없이 일상의 장면에서 순간적으로 사람들의 마음을 끌어당기는 것이 그가 갖고 있는 장점이자 목표이리라.

1⅓+α등식은 결코 난공불락의 페르마의 마지막 정리처럼 350년 동안 풀리지 않는 수수께끼가 아니고, 인수분해도 미적분도 아니다. 그것은 우리 식솔 구성원들의 거부하기 어려운 숙제이자 평생 내가 지녀올 숙명 같은 상징성인 것이다. 그렇기에 나는 그런 숙명에 감사하며, 하루하루가 행복하다.

아버지

제주도 북제주군 조천면 대흘리 2272번지에서 태어난 나의 아버지는 4세 때 그곳 중산간 화전민으로 농사와 사냥으로 생계를 유지하던 부친을 잃고 6세 되던 해 성내인 제주시 노형소재 문씨 집안으로 재혼한 어머니를 따라 의붓아버지 밑에서 성장해야 했다. 오전에는 한문서당을 다닐 수 있었지만, 오후에는 쇠똥으로 땔감으로 사용했던 시절이라, 쇠똥을 주우러 다녀야 했다고 불우했던 성장기를 회상하곤 했다.

의붓아버지의 서슬 퍼런 권위에 눌려 지내던 소년은 17세가 되자 모진 굴레를 벗어나기 위해 당시 일본 오사카(大阪)로 가는 밀항선을 타고 일본 땅을 밟게 되었다. 이 결단은 새로운 운명의 태동이었다. 아버지는 히노마루(ひのまる 日の丸)라는 목욕탕에 취직을 하게 되었고, 그곳에서도 타고난 성실이 인정받게 되어 사장의 배

려로 주경야독을 하며 일본식 교육을 받을 수 있었다.

준수한 이목구비를 갖춘 아버지는 비록 조센징(朝鮮人)이었지만, 마침 목욕탕 집 과년한 딸과 국경을 초월한 사랑을 싹틔우게 되었는데 일본인 부모님들의 당연한 반대에 봉착케 된다. 그러나 물불을 가릴 줄 몰랐던 젊음은 집요한 반대를 무릅쓰고 엄중한 감시망을 뚫고 영화의 한 장면처럼 경계의 바리게이트를 뛰어 넘어 야반도주한다. 이들의 도피행각은 당시 시대상(조센징과 일본인)으로는 상상도 못할 일이었다. 현대판 로미오와 줄리엣과 같이 결코 맺어서는 안 될 사랑이었던 것이다.

은둔생활을 감행한 두 남녀에게 당면한 문제는 조선인을 일본인화해야 하는 신분차이였는데 급기야 아버지는 철저한 미찌꼬상(그냥 평범하게 붙인 이름)이 주도하는 일본사람 만들기 수업에 매진하게 되었고, 사랑을 위해 그녀가 주선하는 모든 교육을 철저히 받았다 한다. 아버지는 이렇게 수년 동안 노력한 결과 거의 상류급 일인에 가까운 수준의 교양을 갖추게 되었고, 동경도 태동구 상야공원을 그녀와 당당히 팔짱을 끼고 거닐 정도가 되어, 한때 꿈같은 행복한 날을 보낼 수 있었다고 한다.

그러나 운명은 이들 남녀를 마냥 행복하게 놓아두지 않아 이들 사이에 태어난 딸아이(4세)가 앞 연못에서 놀다가 익사하는 불행한 사태를 만나면서 미찌꼬마저 당시 충격으로 그해 삭풍이 나부끼던 날 운명을 달리하고 말았던 것. 실의와 절망에 빠진 아버지는 반실성이 되어 거리를 헤매었다. 이때 일본 경찰에 의해 체포되어 당시 종전 막바지에 처해진 일본군의 수송부대 철도 노무자로 강제 징용되어, 만주 봉춘, 하얼빈 등지에서 일본군 주력부대를 따라다니는 철도매설 노역장으로 끌려 다녔다.

때는 2차 대전 종말을 고할 즈음이라 패전 기운이 감도는 일본군대 분위기가 뒤숭숭한 가운데 많은 노무자들이 집단탈출을 시도케 되었고, 탈출에 성공함으로써, 아버지는 고국 땅을 밟을 수 있었다. 일단 이국 만리에서 죽음만은 면하게 되었으나, 도망병 신세로 낮에는 야산 숲에 숨어 지냈고 밤에만 보행으로 이동했으므로 수개월 동안의 고생이 이만저만이 아니었을 듯하다. 충청도 어느 산골까지 잠입하여 숨어 지내던 어느 날, 이른 새벽, 냇가에서 빨래를 하던 한 여인을 만난 것은 아버님의 또 하나의 새로운 운명의 시작이었다.

"한쪽 발에는 찌까다비(ちかたび 地下足袋) 한쪽 발에는 고무신을 신고 있었다."고 당시 아버지에 대한 회상을 한 어머니에 따르면, 새벽녘 빨래를 하러 나갔다가 한 남자를 만남으로써 자신의 운명은 바뀌었다고 한다. 남루한 상거지 행상으로 온통 털로 뒤덮여 있었다니, 당시 도망자의 몰골을 쉽게 상상할 수 있는 대목이다. 하지만 짙은 눈썹이며 범상치 않은 눈빛이 싫지 않았다고 어머니는 자주 회상하곤 했다. 결국 이날 제주 산폭도와 충청도 가시내의 만리장성을 넘은 사건이 지금의 나를 잉태케 한 것이리라!

제주도 고향을 찾아간다며 자신의 이름 석 자만을 남기고 떠난 아버지를 배가 불러오는 과년한 처녀가 선택할 수 있는 것은 그때 그 사람을 찾아 제주도 뱃길을 따라 나서는 것뿐이었다. 이 일은 한 여인이 다시는 집으로 돌아갈 수 없는, 친정과의 마지막 이별이 되고 말았다. 한 여인의 이와 같은 야멸찬 선택은 오늘의 나를 있게 만들었으며, 이처럼 한 남자와 한 여자의 숙명적 사건은 나로 하여금 태생적 출생의 비밀을 안고 있게 만들었다.

나는 남다른 이상심리에 스스로 놀랄 때가 가끔 있었다. 알프레드 아들러(Alfred Adler)의 성격 심리이론에 따르면, 인간은 선천적 요구에 의해 움직이는 사회적 존재이며, 자신의 운명을 스스로 개척해나가는 자율성을 지닌다고 한다. 굳이 그의 이론을 빌리지 않더라도 내 스스로 성격심리를 분석해 보면 정서가 불안한 점이라든가 감정의 기복이 심한 점 등은 내가 잉태시부터 형성된 환경적 배경이 남다른 탓이라고 생각하곤 한다. 때론 매사에 돌출적이고 공격 성향 짙은 점 역시 나의 출생 비밀과 무관치 않음을 고백치 않을 수 없다.

해방을 맞은 섬 제주에서 곡절 많은 한 남자와 육지에서 건너온 한 여자의 소설과 같은 얘기는 개인적으로는 시대가 낳은 한 민초의 구차한 삶의 범주에 지나지 않지만, 나는 이런 부모님을 한 번도 원망한 적이 없다. 왜냐하면 아버지는 이조 사화(四色黨爭: 노론과 소론 당쟁)로 귀향 온 후예의 자손인 시릿뱅디, 소낭굴파 14대손

후예(선조는 후손들이 禍를 입을 수 있다며 무덤을 만들지 말라고 하여 현재 무덤이 어딘지 모른다)로 영민하여 한문과 일본어, 중국어, 영어를 구사할 수 있었던 실력자인 데다 유도 유단자로 이른바 문무를 두루 갖추고 있었다. 비록 당신이 결코 토로한 적은 없었지만, 내가 성장기에 들었던 얘기들을 퍼즐식으로 조립해 보면 일본 등지에서 소속비상(비확인)의 학문을 습득한 엘리트였음이 분명했다. 아버지는 한 가정과 시대상황을 잘못 만나 부평초처럼 현해탄(玄海灘)을 넘어 풍운아로 살다간 로맨티스트였으며, 어머니는 한 순간 남자에 바쳐진 정절을 지키기 위해 산 설고 물 설은 제주도 섬에 용감히 상륙, 정착하여, 친정까지 영원히 버린 순애보적 삶을 살다간 휴머니스트였던 것이다.

아버지는 늘 '50 청춘'이라며 꺼지지 않는 낭인의 호기를 자랑했고, '제주도라는 섬은 내가 살기에는 좁은 곳'이라며 단신 현해탄을 넘은 자신을 강조했다. 이는 아들의 섬 탈출을 은근히 부추기도 했던 것으로 기억된다. 제삿날 화롯가에 둘러앉은 친지들에게 「삼국지」, 「수호지」, 「초한지」 등 줄거리를 절묘하게 풀어가며 차례 지낼 때까지 주도했던 해박함과 구수한 말솜씨는 친지들이 제삿날을 기다리게 만들 정도였고, 제주도를 배경으로 한 이재수의 난, 항파두리의 천주교인 난 등 로컬적인 시대상을 빗댄 이야기는 누구나 끌어들여 듣게 만드는 마력이 있었다. 이는 한창 성장기에 있었던 나에게는 정체성 확립과 시대를 읽는 사관 정립에 커다란 영향을 미치게 한 것임에 틀림없다. 마을 걸궁 때는 꿩바치(꿩사냥꾼을 의미하는 제주도 사투리)를 맡아 남다른 단장과 제스처로 군중을 사로잡고 즐겁게 했다. 이 모든 기억들은 나로 하여금 오늘을 있게 한 주요 모티브가 되었다고 해도 과언이 아니다.

내가 해병대에 입대하여 제대할 때까지 부엌에 촛불을 켜놓았다던 어머니와 매사에 호연지기를 키워 주었던 아버지. 아버지는 자신이 시대를 못 만나 재능을 펴지 못한 한을 아들에게 기대했는지 모른다. 하라는 공부는 하지 않고 데모하다 끌려가 해병대에 강제 입대하는 아들에게 어머니는 네가 20살 성년이 되면 고백할 말이 있었다며, 자신의 과거지사를 털어 놓으셨다. 그렇게 해서 나는 나의 출생의 비밀을 알게 되었다. 제주출신으로 단 한 명만이 조직에 합격하여 훈련에 돌입하였을 때, 그렇게 만족해하며 아들을 자랑스러워하던 아버지는 자신이 이루지 못한 꿈을 아들 대에서 성취되는 줄 착각하고, 어느 일요일 자는 듯 영원히 깨어나지 않으셨다.

나는 유년 성장기 동네 조무래기들을 거느린 골목대장으로 나보다 훨씬 큰 덩치도 아버지로부터 전수 받은 업어치기 한판으로 상대를 제압하는 기술을 자랑하곤 했다. 기상천외한 짓궂은 장난꾼으로 자라나는 나에게 아버지는 아호로 웅길(雄吉)이라 하여 사내가 갈 길을 가르쳤으나, 어머니는 제발 아빠 닮지 말라며 한창 놀기 좋아하는 나를 회초리로 엄하게 다스렸다.

어머니가 나에게 유독 가혹하게 대한 이유는 자라면서 아버지를 닮아가는 아들의 모습을 심히 염려한 탓으로 보이며, 자유분방한 보헤미안적 삶을 살았던 아버지는 개인적으로는 실패한 인물임이 분명했기 때문이었으리라… 그러나 당시 제주도 조천 출신 청년들은 남자 중에 남자로 정평이 나 있었으며, 일본순사들도 말을 타고 가다가도 조천면을 지날 때는 말에서 내려서 걸어가야 할 정도로 기질이 드셌다. 나는 비록 조천면에서 자라지는 않았지만 본이 조천 출신이라는 점을 늘 자랑으로 생각하곤 했다. 지형적으로 한라산 개미목이 조천면을 향하고 있어 마치 한라산을 병풍 삼아 좌청룡, 우백호가 장중하게 뻗은 문필봉, 마치 책상을 받아 앉아 있는 형국이 조천지형이다. 일본인들은 조천인들을 두고 '아다마노쪼땡(あたまの 朝天-머리는 조천)'이라고 할 정도였으니 말이다.

아버지는 개인적으로 풍운을 살다간 리버럴리스트에 지나지 않았지만, 당시 시대상은 조천 출신치고 오사까 등 일본으로 건너가 마르크스 「자본론」을 읽지 않은 청년이 없었다고 한다. 그래서 조천 출신 많은 인재들이 공산주의 사상에 물들어 이북으로 넘어가 북한 당국의 중요요직에 있는 사람들이 많았다 한다. 아버지가 만약 정상적인 가정에서 자랐다면 해방정국을 맞은 시점에 이데올로기에 말려들지 않을 리 없었던 것으로 분석해 볼 때, 오히려 아버님이 가정적으로 불우했던 것이 역사의 격랑을 절묘하게 비껴 나가게 한 행운이었는지 모른다.

제주도 조천면 출신치고 사상불순하지 않은 사람이 없었는데, 이런 아버님의 개인적 비운은 아들 대에 이르러 내가 공직에 합격하여 선발되는데 가장 필요한 신원조사에 탈락되지 않고 입사할 수 있는 기틀을 만들었던 것이다. 그러나 그렇게 기대했던 아들마저 아버지가 바랐던 인물이 되지 못하고 제3대에 그 꿈을 전가해야 하는 시점에 오고 말았으니 지하에서 눈을 감을 수 있을지 불효함이 앞선다.

나는 아버지가 꿈꾸어온 세상을 알지 못한다. 다만, 해방정국을 만나 제주인의 한 맺힌 4·3사건이란 격랑 속에서도 빗나간 한 남자의 광인적 삶이 대사건에 연루되지 않았던 행운을 낳았다는 점, 그가 불우하게 지냈던 광인 시기가 파고 높은 시대상과 맞물려 개인적으로는 불우했지만 시대적으론 현명한 선택을 한 것처럼 되어 결과적으로 지혜롭게 살다간 점… 무엇보다 인간으로서 아버지로서 그리워지는 것이다.

아버지의 함자는 이룰 성, 남녘 남으로 할아버지가 남쪽에서 성공하라고 이름을 지었다고 들었다. 할아버지가 화전민으로 살다간 조천면 교래리는 현재 대부분의 땅이 한진그룹 소유가 되었다고 한다. 만일, 아버지의 함자대로 현해탄을 건너지 않고 할아버지가 지어준 이름대로 광활한 화전민으로 일구었던 조천읍 교래리 땅을 평생 농사나 하며 지켜 대물림 하였다면, 아마 제주에서 우리 가문은 부동산으로 일등 부자가 되었을는지 모를 일이다. 아버지는 그가 타고난 자유분방함과 객기로 일생을 살았으며, 물욕에 대한 계산적 두뇌와는 거리가 멀었던 듯하다. 이는 잔머리하고는 담을 쌓은 집안 기질이 대를 물리고 있으니 말이다. 아들을 보면 아버지를 안다고 했다던가. 해서 나는 늘 아버지에게 미안할 따름이다.

비올라의 아메리칸 드림

They will not be judged by the color of their skin but by the content of their character. 마르틴 루터 킹 목사의 명연설 중 수세기 심금을 울린 핵심문장이다. 위대한 기회의 나라 미국! 킹목사의 'I have a dream'를 절규했던 나라이고 지금은 오바마가 흑인 대통령으로 'Yes, We can.'이란 비전을 던짐으로써 금후 정치사상사에 새로운 이정표를 제시한 나라. 그런 기회의 땅 미국에 비올라(둘째 딸)가 이른바 아메리칸 드림을 가지고 둥지를 틀고 꿈을 키워 나가고 있다는 사실에 아비로써 자족하며 살아왔다.

"나의 아메리칸 드림은 대학 시절, 신문의 예술에 관한 기사를 보고 시작되었다. 유학생이었던 한 바이올리니스트의 뉴욕필 단원이 된 기사였다. 내 맘 속에 있던 미국 오케스트라의 단원이 되고픈 바람이 설렘으로 나를 미국유학이라는 여정에 발을 딛게 한 계기가 되었다."

이렇게 아주 오래전에서부터 유학의 꿈을 갖고 마음에 목표를 세웠다는 것은 둘째가 남긴 일기로 하여 나중에야 알게 되었지만, 비교적 차분하고 성정이 여린 편이었기에 미처 그런 원대한 꿈을 품고 있다는 것은 예상하지 못해서, 미국 유학을 선언했을 때, 당시 집안전체가 들썩일 정도로 메가톤급 대형 사고처럼 여겨졌던 것이다. 서울예고를 졸업하고 예술종합대학을 거쳐 국내 대학원으로 진학을 하리라고 예측하고 있던 터라, 내심 놀랐지만, 이미 굳힌 결심에 무엇이라고 말할 형편이 못되어 걱정이 앞서기만 했다.

그러나 전혀 예상 밖의 진로를 선언한 둘째는 나름대로 계획을 가지고 음악에 음자도 모르는 나에게 '이스트만'이라는 세계적인 신예들을 배출하는 명문대학원이라며 입학사정에 합격하였다는 통고와 함께, 아무런 대책도 없었던 식솔들을 뒤로하고, 막무가내로 낯선 미국유학의 장도에 오르고 말았다.

나중에 둘째가 남긴 일기장을 펼쳐보니, 이미 오래전서부터 유학을 준비하여 왔던 듯, 깨알 같은 글씨로 마디마다 비장함을 담고 있었다.

"나는 비올라를 전공했다. 그리고 한국에서 최고라는 학교(서울예고)를 졸업한 꿈 많은 음악가이다. 영어는 정말 미숙했지만 내 비올라 실력은 미국에서도 제일 수준 높은 이스트만 대학원에서 인정을 받아 교수에게 뽑혔고, 2002년 겨울 드디어 미국 땅에서의 음악 공부가 시작되었다. 영어의 난국은 있었지만 교수님의 폭넓은 가르침으로 몰랐던 세계에 대한 깨우침과 배움의 즐거움으로 어려운 유학생활을 버틸 수 있게 하였다."(중략)

유학이란 것이 결코 쉽지는 않았던 듯 글에는 힘들었던 순간들을 내포하고 있었다. 고백을 읽으며, 유학에 달리 도움을 줄 수 없었던 내가 부끄러운 것은 예나 지금이나 마찬가지다.

둘째의 말에 의하면, "특히 장학금을 주는 학교 오케스트라가 있었는데 한국에서는 오케스트라 곡을 한 번도 레슨 받아본 적도 연습을 한 적도 없던 나에게는 실패를 맛보게 되는 경우가 많았다. 그때 교수님께서 너무 성급하게 할 생각 말고 차근차근 실력 향상에 정진하라는 말에 힘입어, 정말 처음이라는 생각을 갖고 오디션 과제곡을 하나하나 마스터 해나갔다. 심지어는 그 오케스트라 과목을 수강해서 내가 다녔던 학교와 연관된 라체스터 필하모닉 수석한테 배우는 기회를 가졌다. 그리고 마침내 6개월의 연단으로 장학금 오디션에 합격하는 기쁨을 얻었다. 내가 미국에서 이룬 첫 성공이었다."

프로라는 이름에 도전장을 던진 딸애의 인고의 계절은 한없이 여리게만 느낀 외면과 달리 강인한 내면의 있었음을 반증하고 있었고, 어려운 상황에서 이를 악물고 일군 낭보가 온 식솔을 기쁘게 하였다. 당시 부모로서는 솔직히 음악도를 키울 수 없는 집안

형편으로 유학에 오른 딸애 때문에, 한 달, 두 달이 살얼음판을 걷는 기분으로 걱정이 태산 같았는데, 뛰어난 음악도들도 엄두를 내지 못할 이스트만의 Scholarship(장학금)을 둘째가 받아낼 줄은 정말 몰랐던 것이다.

"노력으로 인한 성과는 자신감을 더해줬고 다음으로 프로오케스트라에 도전하는 오디션을 보기 시작하였다. 학교와는 달리 프로의 무대는 너무도 치열했다. 한 자리를 위해 미국 각지에 잡(Job)을 원하는 너무도 실력 있는 비올리스트들이 몰렸고, 오디션은 한 번이 아닌 3차의 관문을 통과해야 하는 고통스런 과정이었다. 인터넷 잡 사이트에 잡 오프닝이 나면 미국 각지에서 훌륭한 비올리스트들이 한 자리를 얻기 위해 비행기를 타고 실력을 연마하고 오디션에 참가한다. 너무나도 치열한 경쟁을 통해 한 명만이 그 자리를 차지하는 시스템 덕분에 실패의 고배도 여러 번 맛보았다. 멀기만 했던 오케스트라 입문은 여러 번의 고배를 통해 쌓인 실력으로 이스트만에서 한 시간 거리에 위치한 시라큐스에 있는 오케스트라의 입문에 마침내 성공할 수 있게 되었다. 너무도 믿기지 않은 결과였다. 그동안 애쓰고 수고한 보람이 느껴지는 순간이었다."

둘째는 미술에서도 초등학교 때부터 여러 번 대상을 수상할 정도로 재질을 보였는데, 나는 차라리 미술을 전공하면 돈이 덜 들지 않을까 생각한 적이 있다. 그러나 둘째는 미술보다는 화려한 선율을 택하겠노라고 자신의 의지를 굽히지 않아 걱정이 이만저만이 아니었다. 역시 집안사정을 뒤로하고 일을 저지르고 말았고, 아무런 도움도 줄 수 없었던 국내 식솔들과는 달리 처음부터 끝까지 스스로 노력하여 형설의 공을 쌓았던 것이다. 지금 생각해도 마냥 대견스럽기만 하다.

"힘들었지만 내가 이루고자한 오래전의 꿈이 현실로 이루어졌고 고등학교 시절에 내 안에 꿈틀거렸던 아메리칸 드림이 내 인생의 한 부분에 커다란 의미 있는 일로 남았다. 이곳 시라큐스는 내 인생의 반려자를 만난 곳이기도 하다. 내 남편은 시라큐스 대학에 전자공학을 공부하러 유학 왔고, 이곳 교회에서 만남을 갖게 되었다.(현재 남편은 워싱턴 주재 로펌에서 변리사로 근무 중) 지금 돌이켜보면 이곳에서의 남편을 만남도 내가 꿈꿔왔던 미국에서의 생활 중에 찾아왔던 행운 중에 하나이라는 생각이 든다. 나의 미국에서의 이십대 중반에서 서른 초반까지의 삶은 내가 고등학교 시절부터 키워왔던 비올리스트의 꿈을 성취하는 과정이 아니었나 한다. 나의 삶 속에서 꿈을 현실로 이루려고 치열하게 노력한 증거여서 나는 내 자신이 자랑스럽다."

이렇게 둘째가 노크한 이스트만 음대에 셋째(리틀 부)마저 유학길에 오르면서 나는 두 딸에 대한 발언권을 상실하고 말았다. 왜냐하면 이들에게 달리 재정적으로 도울 여력이 전무하였고 그녀들의 장래에 대해 아무런 대책을 제시할 능력이나 대안이 없었기 때문이었다.

얼마나 내가 비굴했냐하면 둘째 애가 결혼얘기가 나오면서 '상대의 집안에 비해 너무나 우리가 기울어 보여' 내가 고작 풀죽은 소리로 한다는 말이 "먼저 결혼하자고 하지 말거라."였다. 지금에 와서 생각하니 얼마나 아비답지 못한 처신이었나 부끄럽기 짝이 없다.

이제 기회의 땅 미국의 유학길에 올라 두 딸애가 커피 한 잔을 둘이서 나눠 마시며 공부했다든가. 서로 머리를 커트하며 미용비를 아꼈다는 등 생활비 절약에 피눈물 나는 인고의 시간을 겪었음을 토로해, 재정 지원이 없이 타지에서 음악을 공부하는 혹독한 시기를 견디어낸 애들이 짠하고, 이를 이겨낸 과정이 참 대견스럽다. 또한 조기졸업으로 귀국키 위해 한 학기 단축 학점관리를 위해 최적의 전략을 세우는 등 고군분투 했다는 셋째(리틀 부)의 다부진 모습에 할 말을 잃었고, 이처럼 두 딸의 이스트만이란 명문에서 스칼라십을 위해 몸부림치며 학업을 마쳐야 했던 후담을 전설처럼 들으며 가슴이 미어졌던 것이다.

이른바 해외파인 딸들이 배우자를 선택하면서 너무나 훌륭한 사돈댁을 맞게 되어 상대에 비해 우린 기울지만 스스로 일어나 정상에 이른 딸들로 해서 신분상승한 기분이 되고 보니 이것도 축복이 아닌가 싶다. 나는 늘 딸들에게 말해 왔다. 앞으로 "나 닮은 남자는 만나지 마라." 아빠로서 기억될 만한 아기자기한 추억거리 하나 없는 건조하고 드라이한 생활태도의 남자. 이런 류의 남자는 참으로 재미없는 남자이니 너희들 눈높이에 맞춰 배우자를 선택하라고 선을 그었던 것이다. 이는 '서투르게 간섭하느니 차라리 완벽하게 간섭치 않겠다'라는 일종의 면피용 방어기제였던 것이다. 다행히도 둘째는 나와는 컬러가 다른 상대를 만날 수 있어 그녀가 소망했던 세계, 아메리칸 드림을 완성 중에 있다.

둘째는 자신이 가꾸어 온 아메리칸 드림을 위해 이제 막 비올리스트로 이름을 가지기 위해 THE CATHOLIC UNIVERCITY OF AMERICA 박사(비올라 전공) 학위를 취득하여 현지에서 후배 양성을 하고 있다. 장래가 촉망되는 사위는 캔터 & 콜번 로펌 국제변리사로 재직하면서 서로 노력하는 커플이 되어 미국의 수도 워싱턴에 둥지를 틀고 내일을 위해 소망의 삶을 잉태하고 있는 것이다. 해서 나는 식솔을 대신해 스스로 성장했고 좋은 남자들을 만나 꿈을 펼쳐 나가고 있다는 사실에 늘 감사하고 격려할 뿐이다.

딸의 유학이란 도전에 두려움과 설렘으로 눈치만을 보았던 아비의 엉거주춤 했던 자세. 딸의 도전적 눈빛을 의도적으로 피하며 상처받은 영혼을 달래려 했던 형편없는 몰골의 가장. 어쩌다 보니 딸의 꿈과 성취에 편승하여 이루어진 상견례와 사돈댁의 아낌없는 배려로 올려진 결혼식. 딸의 사랑의 세레나데에 숨죽이며 팽팽한 긴장감에 붉은 카펫을 밟았던 일. 도전적인 자식들과 기묘하게 얽힌 아비의 아슬하고도 절묘한 매칭으로 매순간을 외줄타기 하듯 살아 왔던 비굴함. 그렇다! 이런 때 쓰는 표현이 있다. Catch-22(일종의 딜레마)!

이 모든 것은 뜬금없이 떠오는 독백의 편린들임에 틀림없다. 이쯤에서 그동안 아비의 이기적인 가장으로서 매사에 임했던 자의식을 털어놓는 것으로 회한을 접기로 하겠다. 코린 윌슨의 약관 24세에 만들어낸 언어. '아웃사이드'에 의하면 일상에 무관심하고 비현실주의적인 존재에 대해서는 집요하게 집착해온 '정신적 국외자'가 바로 나를 두고 한 말인 것처럼. 향후 내가 기력이 쇠잔하여 더 이상 아무런 말을 할 수 없을 때를 위해 부끄러운 나의 내심을 딸의 말을 빌어 미리 고해성사 해본다.

NO. 2

나는 성씨가 부(夫)라서 평생 동안 호칭 상 콤플렉스를 가지고 있다. 회장이 되어도 부회장, 사장이 되어도 부사장이라 불리기 때문이다. 그래서 조직 사회에서 두 번째라는 위치에 남다른 관심이 많았었다. 2인자, 그는 누구인가? 부(副)자가 붙은 사람이기도 하면서 일반적으로 2인자란 지위개념이 아니라 역할개념으로 보아야 한다는 것이 나의 줄기찬 주장이기도 하다. 따라서 2인자라 함은 넘버 투(number two)가 아니라 롤 투(Role two)라는 것.

어찌되었거나 조직에서 2인자가 성공한 경우는 흔치 않다. 북한의 김정은이 작년 초 제1인자에 올랐을 때 장성택이 설마 수양대군이 되는 건 아닐까 하여 결국 제거할 정도로 자고로 제2인자란 어렵고 '황제 모시기는 호랑이 모시기와 같다(伴君如伴虎)'고 했다.

소련 혁명군사회의 의장이었던 정치혁명가 트로츠키(Trotskii)만

해도 일찍이 레닌의 후계자였지만 스탈린과의 권력투쟁에서 밀려나 망명길(오스트리아, 미국, 터키, 프랑스, 노르웨이)에 올랐으나 그 어느 곳에도 안전한 곳은 없었는데 그렇게 쫓기다가 결국 스탈린이 보낸 자객의 도끼에 찍혀 죽었다.

히틀러의 브레인으로 나치의 광기(狂氣)를 극대화한 괴벨스도 베를린 함락 직전 총통 관저 지하 벙커에서 아내와 여섯 자녀를 사살한 뒤 자살했다. 이승만 정권의 2인자 이기붕도 괴벨스와 비슷하게 죽었고 박헌영은 숙청당했다. 중국의 2인자였던 린뺘오(林彪) 류샤오치(劉少奇) 펑더화이(彭德懷) 등은 마오쩌둥에 의해 죽음의 길로 내몰렸고 후야오빵(胡耀邦) 자오쯔양(趙紫陽) 등은 덩샤오핑에 밀려 화병으로 죽거나 빈털터리가 됐다.

그런데도 덩샤오핑에 이어 장쩌민를 거쳐 후진타오, 시진핑 처럼 주석 바톤을 적자생존의 정글법칙에서 낙오치 않고 이어받은 저우언라이(주은래)가 있었으니 그 비결은 무엇이었을까? 중국 공산당 주석 마오쩌둥(모택동) 치하에서는 어느 누구도 권력 암투와 숙청의 공포에서 자유스러울 수 없었다. 그러나 이 무자비한 권력투쟁에서 비켜난 유일한 인물이 저우언라이! 그는 서슬퍼런 세월 27년간 총리로 재임하며 권력의 중심에서 부침 없이 마오쩌둥을 보좌했던 인물이다.

한편으로 보면 조직의 그늘에 숨어 생존했을 것이라 상상되지만 실제 저우언라이는 현재의 중국을 기초한 명재상이었음을 역사는 증언하고 있다. 그것은 바로 그가 현세를 간파하는 탁월한 능력을 보였기 때문이다. 한 일화로, 당시 마오쩌둥의 부인 장칭(강청)과의 이혼문제를 고뇌하는 모 주석에게 유일하게 반대의견을 피력하는 이가 바로 저우언라이였다. "주석, 장칭 동지는 주석의 정치적 동반자입니다." 마오쩌둥은 오히려 이혼에 찬성한 간부들을 언짢게 생각하고 저우언라이에 대한 신임을 더욱 깊게 했다.

중국대륙의 패권을 놓고 싸웠던 앙숙이 1937년 9월 22일 제2차 국공합작선언으로 다시 손을 잡게 되었던 시기. 장개석(蔣介石)의 국민당으로서는 다 잡은 고기를 놓친 꼴이 되었지만, 모택동(毛澤東)의 공산당으로서는 죽었다가 다시 살아나는 셈이었다. 제국주의 세력과 각처의 군벌들을 타도하기 위해 손문(孫文)이 맺은 제1차 국공합작이 장개석의 반공 쿠데타에 의해 깨진 뒤 국민당과 공산당 사이에는 치열한 내전이 벌어졌다.

1934년 국민당의 장개석군이 70만 대군으로 대대적인 공격(소공전)으로 포위망을 좁혀오자 모택동의 공산당은 1년여 간 1만 2500㎞ 사선을 넘는 대장정을 시작했다. 18개의 산맥과 24개의 강을 건너며 중국서부의 연안(延安)에 도착했을 때의 병력은 8천명에 불과했다. 멸망직전의 공산당을 구한 것은 만주군벌 장학량(張學良)과 국민당 장군 양호성(楊虎城)이었다. 이들은 1936년 12월 서안(西安)을 방문한 장개석을 체포해서 감금해 버렸다.

두 사람의 요구는 간단했다. 일본군을 물리치기 위해 공산당과 힘을 합치라는 것이었다. 대장정기간 중 같은 민족끼리 싸우는 내전보다 항일이 더 중요하다는 대의명분, 국공합작이다. 공산당이 재기할 수 있는 계기를 만든 것은 장학량과 양호성 두 사람이었지만 이를 화려한 부활의 장으로 이끌어낸 것은 주은래(周恩來)였다 주은래는 장개석을 처형해 버리자는 일부 독수리파(강경)의 주장에 맞서 장개석을 석방할 것을 모택동에게 직언했다. '공산당 이외의 정치세력과 군벌을 하나로 통합시킬 수 있는 능력을 가진 사람은 장개석뿐이며 그를 죽이면 더 큰 혼란이 온다'는 것. 주은래는 합작을 약속하고 풀려난 장개석과 9개월 동안 꾸준히 합작방향을 조율하면서 민족자본가와 지식인 계층을 끌어드리고 민중의 마음을 공산당 쪽으로 기울게 만들었다. 심지어 주은래는 장개석이 공산당의 홍군(紅軍)을 국민당 휘하에 편입시키자는 억지주장을 펼칠 때도 그 주장을 받아들이는 듯했으나 주은래의 예상은 적중했다, 7만 명의 홍군은 국공합작을 선언한 이듬해에 15만 명으로 늘어났다. 일본이 항복한 뒤 대다수의 중국민중은 부패한 국민당에 등을 돌리고 공산당을 지지했다. 이것이 중국대륙의 공산화과정의 역사인 것이다. 천안문광장에 세워진 주은래 추모비에는 '총리와 인민이 동고동락하며 인민과 총리의 마음이 이어졌다'라고 적혀 있는 것은 이를 증명하는 것이 아닐까?

주유가 죽기 전에 했던 말. "하늘이여! 어이 이 주유를 낳고도, 제갈량을 낳았단 말인가."라는 주유의 절규는 평생 부(副)로 호칭된 내 마음과 다름이 없다. 이상은 제2인자들의 발자취를 통해 내 생애 매순간 위안을 받아온 일종의 방어기제였던 것이다.

지옥에서 천국을 꿈꾼 사회혁명

- 무한궤도를 달리는 유한계급과 맬서스 인구론 -

가공할만한 새로운 빙하기가 다가온다. 기상이변의 현금에 예측하기도 섬뜩한 영화, 이른바 인류 마지막 생존지역 「설국열차」가 노아의 방주로 등장했다. 기상이변으로 모든 것이 꽁꽁 얼어붙은 지구, 살아남은 사람들을 태운 기차 한 대가 끝없이 궤도를 달리고 있다. 춥고 배고픈 사람들이 바글대는 빈민굴 같은 맨 뒤쪽의 꼬리칸, 그리고 선택된 사람들이 술과 마약까지 즐기며 호화롭게 뒹굴고 있는 앞쪽칸. 열차 안의 세상은 빈익빈부익부, 결코 평등하지 않다. 현대판 단테의 「신곡」을 떠오르게 하는 설국기차가 달리기 시작한 지도 17년째, 꼬리칸의 젊은 지도자 커티스는 폭력혁명을 시도한다.

'커티스'를 중심으로 꼬리칸의 승객들이 앞을 향해서 나아가는 것은 신분상승을 희구하는 인간의 본능인지 모른다. 더 이상 선택의 여지없는 시점에서 혁명은 시작된다. 열차의 속도만큼이나 혁명은 스피드하고 거침없이 진행되면서 가속이 붙는 느낌이다.

영화는 새로운 빙하기, 인류의 마지막 생존지역인 열차 안에서 억압에 시달리던 꼬리칸 사람들의 돌이킬 수 없는 질주를 생생히 보여준다.

"우리는 엔진의 노예가 아니다." 커티스(혁명의 리더 크리스 에반스 분)

"나는 닫힌 문을 열고 싶다." 남궁민수(열차의 보안설계자 송강호 분)

"월포드를 숭배하라." 메이슨(열차의 2인자인 총리 틸다 스윈튼 분)

"꼭… 엔진까지 가야 하나?" 길리엄(존 허트 분)

"엔진은 영원하다" 월포드(열차의 절대자 에드 해리스 분) 등등….

이 과정에서 영화는 쓸데없는 에피소드에 시간을 허비하지 않고, 억지웃음이나 감동을 유발할 수 있는 부분에서조차 냉정하고 차갑게 진행되는 것이 한 특징이다. 봉준호 감독의 러브콜에 흔쾌히 응한 미국, 유럽 최고의 연기 군단 등이 대거 합세되어 그 전의 영화와는 또 다른 「설국열차」만의 분위기와 연기가 볼 만하다.

이 영화는 원래 만화가 원작인데, 생각보다 미래에 대한 미지의 공포를 꽤나 수반하고 있다. 어둡고 잔인한 설정은 무한궤도를 달리는 맬서스 인구론의 비극을 모토로 했다.

결론은 '잉여인간을 없애자, 인류가 살아남으려면…'이다.

「설국열차」를 통해 '인구론'의 한계를 지적했다는 점에서 시사성이 높다. 균형과 질서 유지를 위한 학살, 상류층에 해당하는 앞칸의 지배층과 생필품 부족, 차별탄압과 맞서려고 반란하는 하류층, 인구가 기하급수적으로 불어나면 식량도 산술급수적으로 필요하다는 맬서스의 인구론과 열차라는 제한된 공간 속 인류의 생존방식에 대한 진한 질문을 던지고 있는 셈이다.

제한인간과 잉여인간

"아, 18주년 기념으로 18명을 더 살려 주도록!"(월포드)

지구온난화를 막기 위해 인류는 기온을 낮춰주는 화학약품 CW-7을 만든다. 79개국 정상들이 CW-7을 살포하기로 결의하고 온 지구에 약품을 뿌리지만 오히려 부작용으로 인류는 새로운 빙하기를 맞이하게 된다는 것 등이 이 영화의 주요 쟁점이다.

영화의 도입부는 모든 세상이 꽁꽁 얼어버린 2031년(재작년 2013년을 뒤집어 놓은 듯), 생존 인류는 17년째 거대한 기차 안에서만 살아가고 있다. 이 기차는 CW-7의 부작용을 예상한 월포드가 만든 것으로, 세계에 걸친 43만 87km 철로를 따라 1년에 지구를 한 바퀴씩 돌고 있다는 시간의 사이클(주기)로 편성된다. 월포드는 이 설국열차의 절대 1인자로 부유층이 탑승한 머리칸부터 무임승차자들이 있는 꼬리칸까지 열차 전부를 지배한다.

영화는 꼬리칸 최하층민의 커티스를 중심으로 반란을 일으켜 월포드가 타고 있는 엔진룸까지 폭력혁명(아래로부터의 거사)으로 전진하는 여정을 그린다. 꼬리칸의 반란은 가히 쿠바의 카스트로나 볼리비아의 체 게바라에서 보여주었던 계층 간의 갈등을 저변에 깔고 말이다. 언제나 폭력의 불씨는 그러했던 것처럼 영화 속 꼬리칸 승객들의 반란은, 이들을 향한 차별과 탄압에 맞서기 위한 그들 나름대로 그동안 잠재되어온 분노다. 이는 누군가가 불씨를 당기면 폭발하는 것 같은.

프롤레타리아와 부르주아 갈등

1966년부터 1969년에 이르기까지, 중국사회의 전반을 마비시키며 열정적이다 못해 광기에 서린 사람들이 쏟아져 나와 혁명을 부르짖었던 때가 있었다. 근현대사에서 빠지지 않고 등장하는 주제이자 '극좌적 오류' 혹은 '잃어버린 10년'이라고 평가받는 이 큰 사건을 우리는 '문화대혁명'이라고 부른다. 이 문화대혁명은 마오쩌뚱의 주도하에 프롤레타리아를 단결시킨 사건으로 성공된 정권탈취로 높이 평가되고 있기도 하다.

'아, 중국은 정말로 멸망하려고 한다'라는 팸플릿의 구호를 보고 중국을 위해 신해혁명에 참가했다고 하는 마오쩌뚱은, 자신의 나라가 민족적 자존심을 회복하고 주체적으로 일어설 수 있기를 바랐던 프롤레타리아의 혁명성이다.

역사상 가장 사랑받는 혁명가이자 '남미의 예수'로도 불리는 체 게바라, 지난 세기 낭만적인 혁명가이자 가장 완벽한 인간으로 추앙받는 그의 삶을 묘사한 영화가 스티븐 소더버그에 의해 만들어져 칸영화제에서 뜨거운 논란을 일으켰었다. 침 튀는 극찬과 냉소적인 반응을 동시에 이끌어낸 이 영화는 체 게바라를 영웅화하거나 본질을 규정하려 하는 대신 그의 행동을 객관적인 시선으로 줄곧 보여주는데 주력함으로써 카스트로가 아바나에 입성하여 쿠바 혁명이 비로소 달성되었다는 점을 입증했던 것이다.

이처럼 늘 프롤레타리아는 소외된 계층에서 불만과 설움으로 농축되어온 '못살겠다, 갈아엎어보자' 식이지만, 이 영화 「설국열차」의 꼬리칸은 이른바 무임승차했다는 스스로의 약점 따위로 맨뒤칸에서 기생하면서 간신히 목숨을 부지하는 무리수를 쓴다. 앞쪽의 사람들이 갓 잡아 올린 살아있는 생선의 껌벅이는 눈을 외면하고 몸체 가운데를 도려내어 만든 초밥과 신선한 과일…, 향긋한 포도주를 곁들인 만찬을 즐기고 있는 반면(일단 이들을 부르주아라 칭하자) 꼬리칸 승객들은 바퀴벌레를 갈아 만든 고단백질 블록으로 끼니를 때우는 프롤레타리아이다.

「설국열차」의 메시지는 단연 균형과 질서를 위한 학살이라는 대전제가 바탕에 깔려 있음을 간과해서는 안 된다. 이 영화의 잔인한 반전은 우리들이 죽음을 무릅쓰고 열차의 앞으로 진격해 나아갔던 그 모든 행위가 열차의 존속을 위해 유도된 행동이었다는 점이다. 환언하면 프롤레타리아 혁명이 부르주아 타도라는 폭력성이, 열차라는 제한된 공간에서 인구팽창이나마 막아야 살 수 있다는 논리는 맬서스가 섬뜩하게 던진 이론임을 배제할 수 없다. 혁명적 주동인물인 커티스는 배고프고 더 이상 돌아갈 곳이 없는 프롤레타리아를 거느리고 100칸의 기차를 지나 월포드가 살고 있는 마지막 엔진룸에 도착한다.

하지만 정작 월포드는 여유롭게 스테이크를 구우며 표정 없이 그들을 맞는다. 어리둥절한 커티스에게 월포드는 충격적인 사실을 털어놓는다. 열차 내 균형을 맞추기 위해 일정 주기마다 꼬리칸의 사람들을 학살해 왔다는 것이다. 그렇다. 우린 여기서 모택동의 '전쟁불가피론'을 환기할 필요가 있다. 인류의 재앙을 막기 위해 천안문의 모택동도 전쟁불가피론을 아주 오래전부터 주장해왔다는 사실 말이다. 그러면 월포드의 학살론은 제한된 공간이론에서 비롯된 것이라는 사실이다. 이를 위해 꼬리칸 지도자였던 길리엄은 월포드와 수시로 연락을 취하는 등 내통하며 기차 내 상황을 조정했다고 담담하게 말한다. 뿐만 아니라 충격에 빠진 커티스를 거들떠보지도 않고 꼬리칸 부하들에게 그 칸의 승객 74%를 죽일 것을 명령하고 있지 않는가?

101칸에 불과한 기차 안에서 생산과 소비가 이뤄진다는 점과 생산되는 자원도 많지 않다는 점은 학살이 필요조건인지 모른다. 해서 균형과 질서 유지를 위한 학살은 필수항목인 셈이다. 신선한 초밥을 먹고 사우나를 즐기며 사는 앞쪽칸의 지배층 대 생필품 부족, 차별 탄압에 맞서려는 꼬리칸의 피지배층.

설국열차의 맬서스적 접근

영화 속 상황은 영국의 목사이자 초기 경제학자인 토머스 로버트 맬서스(1766~1834)의 상상을 디스토피아적으로 뒤틀어 놓은 것으로 볼 수 있겠다. 맬서스가 제창한 인구론은 인구가 지속적으로 증가함에 따라 사회의 부양 능력은 끊임없이 위협받을 것이고 그 결과 인류는 빈곤에서 영원히 헤어나지 못할 것이라는 섬뜩한 예측을 내놓았던 것이다. 그는 인간을 비롯한 모든 동물이 공통적으로 갖고 있는 식욕과 성욕으로 미래를 예측해서 눈길을 끌었었다. 인간의 성욕은 강하고 이를 제약하는 것은 많지 않기 때문에 인구는 빠른 속도로 증가하는데 비해 인간의 식욕을 충족시키기 위한 식량은 자연적 환경에 의하여 제한된다는 사실이다.

물론 인위적으로 인구를 조절하기 위해 혼인연령을 늦출 수도 있을 것이나, 맬서스는 인간의 성욕이 아주 강력하고 무절제한 것으로 보는 점은 생활수준과 비례한다고 보았다. 빈곤을 줄이려는 노력과는 별도로 인간의 본능은 제한을 가할수록 반동적인 가역반응으로 팽창한다고 보았다. 당시 그의 주장이 파격적이어서 『인구론』의 초판은 익명으로 출판됐다고 할 정도이다. 맬서스가 이처럼 음울한 미래를 평가한 것은 아무리 많은 자원을 투입해도 늘어날 수 있는 식량의 양은 한계가 있기 때문이다. 가령 일정 면적의 밭에서 10평에 1톤의 작물을 거둘 수 있다고 가정해 볼 때, 땅의 크기는 변하지 않고 사람만

10명 더 늘어났다고 수확량이 2배로 늘어나지 않는다는 사실이 수확체감의 법칙(law of diminishing returns)이다.

생산성 증대는 노동량 투입도 중요하지만 지력 향상과 기술 수준의 발달도 영향을 미치기 때문이다. 하지만 지력과 기술은 단시간에 늘릴 수 있는 것이 아닌 만큼 노동 투입만으로는 2배의 생산성을 기대할 수 없는 것이다. 하지만 다행히도 맬서스의 예측은 틀린 것으로 나타났지만 영화의 설정은 맬서스 예측이 빗나간 이유와는 전혀 다르다. 19세기 산업혁명 이후 서구자본주의 사회는 맬서스가 상상한 것과 정반대의 길을 걸어왔는데 지난 200년 동안 세계 인구는 약 6배로 증가했지만 식량생산량은 훨씬 더 큰 규모로 불어난 것이다.

맬서스의 치명적 예측은 기술진보에 대한 과소평가로 알려졌는데 살충제·비료·영농 기계·새로운 품종 개발 등 기술이 발달하면서 풍부한 생산량은 비약적으로 늘어났다.

설국열차의 경영리더십

만약 커티스의 반란이 성공했다면 어떤 일이 벌어졌을까? 당장은 꼬리칸 주민들의 삶의 질은 획기적으로 나아지고 앞칸과 꼬리칸의 평등화로 더 이상 불평은 없어질 터이다. 그러나 팽창하는 인구로 열차의 공간은 제2의 경쟁공간화로 예기치 않은 상황이 전개될 것이다. 역시 기술혁신이 일어날 가능성은 낮아지고 전체적으로 이들의 앞날에는 파국의 그림자가 짙게 드리울 것이다. 앞칸에 도달한 커티스에게 윌포드가 기차를 맡아달라는 제안을 했을 때 아무런 말도 하지 못하는 장면에서 나는 'CEO는 아무나 하나?'라고 생각했다.

'절대자' 윌포드는 조지 오웰이 가공한 인물 빅브라더처럼 최적화와 합리성 중심의 최고 경영자임에 틀림이 없다. 「설국열차」라는 인류빙하기에 구원의 수단으로 상징된 최고 경영자(CEO)이자 절대자인 윌포드는 최적화된 성과관리와 내부 프로세스만이 오직 살 길이라 믿는 '초합리성'의 화신인 셈이다. 균형을 강조한다는 점에서 인류가 존재하는 장(Field)을 균형상태로 유지한다는 물리학과 신, 고전 경제학이 절묘하게 매칭되는 것은 결코 우연은 아닌 것 같다.

대한민국 최고과학기술인상을 수상하고, 국제자동제어연맹 회장을 맡고 있으며, 매경 신지식인 1호이면서 한국 대학벤처의 대부로 알려져 있는 서울대학교의 권욱현 석좌 교수가 정년을 기해 만든 책 『인재와 함께 꿈을 향해 달려온 길』에 잘 드러나 있는 이론이 최적화 이론으로 「설국열차」의 제어이론임을 눈여겨 볼 필요가 있다.

「설국열차」의 등장인물들을 중심으로 본 경영리더십은 어떤가? 결론적으로 윌포드는 최적화·합리화를 중시하는 성과관리자인 반면, 커티스는 감상적 지지를 얻는 변형적 리더이다. 가장 무능력하게 마약에 취해 방관자처럼(방어기제) 보인 남궁민수라는 인물은 어떤가? 그는 설국열차를 설계한 기술자로 조직 내용을 꿰뚫어 보는 존재이다. 다양한 이슈의 연결고리를 종합적으로 진단할 수 있는 위치에서 오랫동안 열차 밖 환경 변화를 분석했고 이를 통해 설국의 눈이 녹고 있다는 발견을 함으로써 설국열차는 더 이상 '노아의 방주'가 아니라는 가정을 깨트린다. 그가 내린 결론은 열차 자체를 부숴버리는 것이다.

설국열차 탈출만이 재앙으로부터 벗어나는 길(?)

그러면 파국을 막는 유일한 방법은 없을까? 설국열차 시설 보안 설계자 남궁민수는 열차 탈출이라고 얘기한다. 그는 엔진룸으로 들어가는 입구 안에서 커티스에게 "나는 이 문(엔진룸)을 열고 싶어."라고 소리친다. 매년 눈이 조금씩 녹고 있다는 이유에서다. 그는 문을 폭파하기 위해 폭발 물질인 동시에 환각제인 '크로놀'을 모아 왔고 결국 문을 폭파한다. 하지만 폭파로 인해 눈사태가 일어나면서 기차는 전복되고 남궁민수의 딸인 요나(고아성 분)와 타미만이 살아남는다. 눈이 녹고 있고 생태계가 복원됐음을 상징하는 북극곰 한 마리를 보여주는 것으로 영화는 끝을 맺는다. 일단 인구론의 악몽에서는 탈출한 셈이다.

열차 탈출이 재앙으로부터 벗어나는 유일한 길임을 상징하며 영화는 대미를 장식한다.

사랑의 열병

한때, '강해지고 싶다면 우리는 니체를 통과해야 한다'라고 한 나카지마 말에 심취된 적이 있다.

철학자 니체. 철학이라는 단어도 쉽게 이해할 수 없는 범위였지만, 당시 철학에 관심이 많았던 나는 사실 니체의 사상도 어렵게 느껴졌지만, 젊은 날 니체의 인간학을 읽지 않고 철학 운운 할 수 있겠나하며 당시 까칠한 철학자 니체가 지적한 약함과 비열함, 선량함과 싸우는 이야기에 빠져 들고 있었다.

어느 날 리하르드 스트라우스 교향시 '짜라투스트라는 이렇게 말했다'라는 전단지를 보고 후기 낭만주의의 거장 리하르드 스트라우스는 리스트가 이룩한 교향시라는 음악 형식과 바그너의 표현 수법을 융합하여 뛰어난 교향시적 표제음악을 다작한 작곡가이지… 하며 음악 전공한 애들 앞에서 유식을 자랑한 적이 있는데 애들은 창밖으로 시선을 던지므로 한창 열을 올리던 나는 무안해서 그만 장황한 실력 자랑을 그만둔 적이 있다.

세대차, 혹은 교육방식의 상이성으로 서서히 그네들과 멀어져 갔던 나는 홀로 영화관을 찾았는데 영화를 통해 만나는 위대한 천재 음악가들의 지독한 사랑은 전율스럽도록 흥미진진했다. 결국 이들은 착한 사람들의 이야기였지만 그 말로가 너무나 비극적이라 내가 익히 알고 있는 착한 이미지의 유약한 단어가 떠올라 도전적인 세상에서 의식적으로 피해온 나를 되돌아보는 계기가 되었다.

사랑이란 열병을 앓다가 너무나 안타깝게 무너진 인물들이 얼마나 많은가? 흥미만점 천재 음악가들의 로맨스! 베토벤, 모차르트, 파가니니 이들은 어떤가?

그들의 사랑은 누구보다 열정적으로 불타오르는 반면, 불멸의 사랑으로 행복보다는 고통을 겪게 된 것을 우린 숨죽이며 음미하고 있다는 것이 역설이다. 그러나 이러한 것이 그들에겐 음악적으로 큰 영감을 주었고, 결국 위대한 곡들을 탄생하게 만들었는지 모른다.

이러한 천재 음악가들의 파란만장한 삶은 영화화되기에 충분히 매력적인 소재이기에 영화는 가상의 캐릭터들로 이루어진 영화 보다 영화 속 인물에 대한 호기심을 자극하는 것이 아닐까? 물론 실화를 바탕으로 한 탄탄한 스토리로 작품의 높은 완성도를 기대할 수 있고 그렇기에 천재 음악가들은 과거에서부터 현재까지 여전히 활발하게 스크린에서 숨 쉬고 있는 것이다.

그중 베토벤의 사후에 그의 서랍에서 발견되었다는 1812년에 불멸의 연인에게 쓴 편지는 받는 사람의 이름이 없어서 무수한 추측을 낳았고, 1994년 버나드 로즈 감독의 베토벤 전기 영화 「불멸의 연인」은 그 편지를 바탕으로 평생 한 번도 결혼하지 않고 독신으로 살아온 베토벤이 '진정으로 사랑한 여인이 있었을까, 있었다면 그 여인은 누구였을까'라는 궁금증에서 출발한 영화였다.

게리 올드만이 '베토벤'역을 맡아 그의 인생 최고의 연기를 펼친 것은 물론 베토벤의 숨겨진 연인에 대한 추측을 영화적인 시각으로 풀어내 '이제껏 본 적 없는 훌륭한 영화' '가장 아름다운 영화' '천재 음악가의 음악과 그의 정신까지 훌륭하게 표현한 영화' 등과 같은 언론과 평단의 호평을 받았던 것이다.

천재 음악가 모차르트 역시 「아마데우스」로 스크린에서 부활했지만, 천재 모차르트와 그의 희대의 라이벌 살리에르 사이에서 전해지는 음모와 암투에 대한 이야기를 그리고 있는 작품이 아닌가? 모차르트가 자신의 약혼녀를 범하고 오만하고 방탕한 생활을 일삼자, 살리에르는 그에게 천재성을 부여한 신을 저주할 만큼, 보통 사람이 천부적인 재능을 가진 사람에게 가지는 질투와 시기가 얼마나 고통스러운지를 보여주었다. 이 영화는 제57회 아카데미 시상식에서 작품상과 감독상 등 8개 부문을 석권하였다.

누구도 따라갈 수 없었던 초인적인 연주와 기괴한 외모 때문에 '악마의 바이올리니스트'로 불린 니콜로 파가니니는 당시 전 세계 여성의 사랑을 한 몸에 받았다지 않은가? 파가니니의 놀라운 연주를 들은 관객들은 감동한 나머지 집단 히스테리를 일으키기도 했고, 강한 카리스마로 수많은 여성팬을 거느린 그의 독특한 마력은 당시 최고의 권력자였던 나폴레옹의 여동생인 엘리자 보나파르트도 홀렸다. 유부녀였던 엘리자는 나폴레옹 궁정 독주 연주자로 들어온 파가니니 연주에 반해 사랑에 빠졌는데 파가니니가 연주할 때면 정신을 잃을 정도로 열광해 주치의가 걱정할 정도였다.

한때, 전대미문의 초인적 기교와 손놀림으로 전 세계 여성들의 마음을 뒤흔들었던 천재적인 바이올리니스트 파가니니의 개인적인 드라마틱한 삶과 사랑도 착한 사람답게 끝났던 것이다.

어떤 이별

2007년 가을 관악구 봉천동 마의 도로에서 나의 사랑하는 강아지 '유리'를 달리는 흉기의 희생양으로 떠나보내야 했습니다. 생과 사의 갈림길이 이렇게 참담하게 다가온다는 사실에 비통한 눈물이 끊임없이 방울, 방울져 떨어졌습니다.

신정동에서 성대수술까지 하고도 쫓기듯 이사를 하게 되면서 관악 산맥의 맥을 잇자고 유리와 치치에게 약속을 했는데, 그 약속을 지켜내지 못하고 유리를 떠나보내야 해서 비통한 마음을 가눌 길이 없었습니다.

사건 당일, 너무나 오랜만의 외출이었기에 출랑대며 헉헉대던 그녀의 상기된 모습이 아직도 가슴을 칩니다. 눈처럼 흰털에 새빨간 선혈을 뿌리며 픽 쓰러지고 만 피의 일요일. 체온이 식어가는 것을 안타까워하며 부둥켜안았던 그녀의 시신을 삽으로 땅속 깊이 묻으며, 헤어지고 싶지 않은 그 마음까지 파묻어야 했습니다. 그녀가 평소 가장 좋아하는 포즈인 두 다리 곱게 뻗고 평안히 자는 모습 그대로 관악산 자락에 묻으면서 유리, 유리, 유리를 얼마나 불러댔는지 모릅니다. 삽으로 마지막 흙을 덮으며 다시는 볼 수 없는 애끊는 이별의 순간에 몸부림쳐야 했습니다. 나는 그녀를 떠나보내지 않았습니다. 이 가슴에, 이 시퍼런 가슴에 생생히 살아 있을 것임으로.

이별은 이토록 서럽고 이토록 아픔인 것을… 달려드는 살상무기를 미처 피하지 못하고 위험선상에 놓인 언니인 치치 앞을 막아서다 죽어간 유리.

유리는 내가 아끼는 애견이었다. '아빠!' 하고 외마디 비명으로 숨져간 그 순간, 그녀의 까만 눈동자엔 나의 일그러진 분노의 얼굴이 사진 영상처럼 박혀 있었다. 묻는 순간까지 눈 감지 못한 그녀의 동공에서 나는 사건 그 찰나의 내 얼굴을 확인할 수 있었던 것이다. 떨리는 손으로 차마 감지 못한 그녀의 마지막 눈을 감겨주며 나 역시 눈을 감았다. 내가 할 수 있는 일이란 관악산 자락에 어떤 이별을 고하는 것. 그 이별을 조용히 묻는 것. 그 이별을 뒤로하고 그림자 길게 끌며 다시 빠르게 돌아가는 세상으로 내려오는 것.

사랑하는 유리야, 너를 떠나보내고 너의 빈자리에서 치치마저 끙끙대는 모습을 차마 볼 수가 없구나. 너의 공백은 너무나 크고

넓어서 내 가슴에 구멍이 뻥 뚫린 것 같다. 널 묻고 돌아오면서, 나는 이삭을 바쳐야만 하는 아브라함의 심정을, 밧세바와의 사이에서 얻은 아들을 하나님이 데려가려할 때의 다윗의 심정을, 곱씹어 보았단다. 나의 가슴은 찢기고 풀어헤쳐졌지만, 너의 하얀 털과 함께 한 추억으로 구멍 뚫린 세월을 견뎌내 보련다.

주님, 유리를 주님 곁에 두시어 그녀의 못나 한 삶을 위로해 주소서. 히스키야가 벽면기도로 절규했을 때, '내가 너의 기도를 들었고, 네 눈물을 보았다'라고 응답했던 것처럼 이제 주님이 부르는 순간까지 치치를 아끼며 유리가 남긴 몫까지 살아가게 하소서.

나는 당초 반려 동물 자체를 싫어했다. 털도 날리고 냄새도 나고 끊임없이 돌봐줘야 한다는 존재 자체가 좀체 가슴에 와 닿지 않았다. 그런 나에게 강아지가 인간보다 낫다는 신뢰와 사랑을 느낄 수 있게 한 것은, 제주에서 서울로 쫓기듯 떠나온 나의 생의 위기 때문이었다. 그 시기에 인간들은 모두 나를 떠나갔지만, 강아지만은 나와 뗄 수 없는 체온을 나누며 곁에 있어 주었던 것이다.

처음에는 요크셔테리어인 치치만을 키우고 있었는데, 내가 출근하는 동안 외롭게 홀로 갇혀 있어야 하는 치치가 우울증에 걸릴까봐 너무나 걱정이 되어 하얀 털이 눈부신 유리를 분양받아 함께 살게 된 것이다. 유리는 프랑스 산 말티즈였고, 치치는 영국산 요크셔테리어였는데, 이들의 국적에 따른 성격 대조의 극명함에 매번 놀라곤 했다.

의젓하고 양보심이 많았던 치치는 대영제국의 국민성을 대표한 데 비해, 유리는 영락없는 프랑스인의 개성 있는 자존심을 반영하는 듯해 실소를 금치 못한 적인 한두 번이 아니다. 치치가 시선을 두는 곳에는 항상 유리가 먼저 달려들어야 직성이 풀리는, 유리의 유별난 시샘과 경쟁심은 싫지 않은 귀여움 그 자체였다. 내가 앉아 있으면 언니인 치치를 제치고, 내 무릎을 차지한다거나 나의 퇴근길 마중도 무조건 앞서야 하고, 밥그릇도 먼저 차지하는 등 늘 기선을 잡아왔다.

우리는 이처럼 없어서는 안 될 가족의 일원으로 애틋한 정을 쌓아가고 있었는데, 내가 출근하여 없는 사이, 이들이 짖는 것을 매우 불쾌하게 여긴 옥탑방 아저씨의 발길질로 현관문 유리가 깨어져 있는 걸 보고 기겁을 하고 주거를 옮기게 되었다. 이런 피치 못할 사정으로 관악으로 쫓기듯 이사를 왔건만, 관악에서 처음으로 신나는 산책을 나선 길에 유리가 바로 내 눈앞에서 달리는 차량에 부딪혀 즉사하고 만 것이다. 지금까지 무수한 죽음을 보아왔지만, 그래서 죽음에는 어느 정도 익숙해졌다고 믿었건만, 유리가 순식간에 내 앞에서 죽음의 영역으로 떠나버린 현실은 차마 인정하기가 어려웠다.

서울 거리, 서울 사람들 숲에서 얼마나 잘 어울려 살아보겠다고, 이들의 성대수술까지 강행해야만 했나. 인간은 반려동물을 아끼는 척 하면서 얼마나 이기적으로 동물들을 이용해 왔나. 유리의 죽음 앞에 통곡하며 슬퍼했던 것은 나의 삶을 위하여 이들을 알게 모르게 학대해 온 내 자신에 대한 회개였다.

얼짱인 치치와는 달리 뒤태가 끝내주는 몸짱이었던 유리. 나는 서울살이의 경고처럼 찾아온 유리의 죽음을 가슴에 묻고, 관악산 자락을 70일을 애곡하며 그녀가 묻힌 눈 쌓인 산자락을 오르고 내렸다. 나는 아침마다 유리를 위해 기도하고 치치의 안녕을 또 기도한다.

그들은 나에게 사랑한다는 말을 한 적이 없다. 그러나 사랑은 말로 하는 것이 아니라 행동으로 보여주고 느끼게 하는 게 아닐까? 아직도 퇴근길에 귀를 뒤로 제치며 꼬리를 흔들며 매달리며 반기는 유리의 모습이 생생하게 살아난다. 사랑한다는 말도 필요 없이, 사랑은 이런 거야, 하면서 직접 보여주는 듯한 그 몸짓.

퇴근 길 문을 열고 들어가면, 제일 먼저 내 품으로 뛰어들며 반기던 유리. 그런 모습을 가슴에 묻고 사는 나는 늘 그녀가 그립다. 나는 그녀를 떠나보내지 않았다. 그건 나도 그녀도 원치 않은 일이므로. 나는 유리를 위해서라도 내 곁에 있는 치치를, 내 주변의 반려동물들을 힘껏, 있는 힘껏 사랑할 것이다. 그들 모두가 나의 유리이므로.

아듀! 리베

나에게는 10년 가까이 늘 서로의 체온을 확인해야 잠들곤 했던 사랑하는 리베(연인)가 있었다. 내가 퇴근하고 올 때까지 지루한 한 나절을 홀로 집에서 기다리다 내가 늦게 오기라도 하면 삐치기까지 하였던, 서로가 애달팠던 관계였다. 언제나 한밤중 1시~2시 나의 침대로 올라와서 이불 속으로 파고 들어와 한참 스킨십을 받다가 내 손이 잠에 빠져 힘없이 떨어지면 그때야 자신의 이불 속으로 들어가던 사이였다. 10년 가까이 정을 주고받아 온 그네를 보내고 나니 참으로 슬프고 아쉽고 한 번 더 안아줄 걸 하는 후회까지 하고 있다.

제주 감나무집 중국교포 화교 할머니로부터 생후 2개월 만에 분양받아올 때 "이 애는 체온을 느끼지 않으면 앙탈이 심하다며 늘 품고 잘 수 없다면 포기하라."고 다짐까지 하면서 재삼 그럴 수 있느냐

물었고… 우린 우선 영민하게 생긴 그네가 탐이 나서 거짓으로 그럴 수 있다고 안심시키고 데려온 특별한 사연까지 있다. 처음에는 분양받을 욕심으로 대충 약속하고 데려 왔지만, 그네는 자라면서 가르쳐주지도 않았는데도 변을 가리고 심지어는 외출 시에도 사람들이 예쁘다고 서로 만져보려고 할 정도로 '얼짱'이었으며 소변이 마려워도 지가 여자라고 부끄럼까지 타서 참았다가 집 화장실에 와서야 볼 정도로 깔끔쟁이었다. 지금에 생각해 보니 이 일이 결국 생명을 단축시키는 콩팥손상의 원인이 되기도 했으니.

몇 년 전 식구들이 족발을 먹는데 하도 달라고 하여 같이 먹었던 것이 화근이 되어 위 수술까지 받게 되어 그 일로 췌장염기가 있다는 병원 측의 말로 늘 기름기 없는 특수 사료와 통조림으로 맛있는 것 한번 마음껏 먹여 보지 못하고 병원출입을 자주 했다. 우리들의 도시생활을 위해 성대수술한 후유증으로 고생을 하게 되자 내왕하는 병원에서 침샘이 이상이 있다하며 큰 병원을 소개시켜 주었는데 그곳에서 침샘 제거 수술한다기에 죽더라도 내 품에서 죽게 하겠다며 집으로 데려와 '목 주변을 마사지 하며 그네를 살려 달라'고 하나님께 매달려 기도한 결과 기적적으로 완치되어 그 후 4년여를 내 곁에 있어 주었다.

그네가 얼마나 영리했느냐면, 동생 유리를 교통사고로 잃었을 때 1개월가량을 슬퍼했던 일. 가까운 앞산인 까치산을 오르다 자신의 동료를 만나면 미친 듯이 달려가 냄새를 맡고 금방 돌아서는 모습에 변덕이 많다고 생각했는데 알고 보니 자신의 기억 속에 유리에 대한 그리움으로 냄새를 맡고 동생이 아님을 확인하고 실망하고 돌아섰다는 사실을 뒤늦게 깨달은 나의 무지. 일요일 산에 데려간다고 약속 하였다면 일요일 아침이면 먼저 현관으로 나와 서성대던 모습. 토요일이면 으레 목욕을 한다는 사실을 알고 먼저 욕탕에 들어가 기다리거나 내가 새로운 말을 하면 그 단어를 새겨들으려고 양쪽 귀를 세우고 고개까지 갸우뚱하고 쳐다보며 영롱한 눈빛을 반짝이던 일. 내가 한 번은 충청도에서 회의가 있어 외박을 할 수밖에 없었는데 마련해준 사료 한 알 먹지 않고 물 한 모금 마시지 않으며 꼬박 밤을 새워 다시는 외박 같은 것을 엄두도 낼 수 없게 만들었다.

아무것도 먹지도 마시지도 않아 급기야 병원을 찾아 피검사로 이미 콩팥이 회생불능 상태가 되었다는 최종진단을 받고서야 얼마나 내가 무지했나를 절감해야만 했다. 그동안 예비되었던 우리들의 이별, 아무리 비통한들 돌이킬 수 없는 지경에 와서야 그네가 얼마나 아픈 상태로 그동안 내색도 하지 않고 수년을 견디어 왔는가 생각하니 얼마나 불쌍하고 안쓰러웠는지… 곡기를 끊고 링거바늘을 꽂고 홀로 병원에서 병마와 싸우는 모습을 애처롭게 지켜보며 그네와 떨어져 체온 없는 이불을 감싸고 날이 밝기를 기다려 병원을 찾아 체중 3kg가 2kg로 줄어든 쇠약해진 모습에 목메었던 일. 밤새 아빠를 기다렸다며 허우적대며 앞발로 겨우 문을 열어달라는 그네의 마지막 모습에 나는 아무것도 할 수 없어 발을 동동 굴렀다.

사랑했던 그네를 위해 아무것도 할 수 없다고 생각했던 지난 주일은 참으로 비통하게 모든 살아 있는 것의 유한함을 절감하며 울부짖었던 아픈 시간들이었다. 따스한 남쪽 제주에서 태어나 아빠를 잘못 만나 그해 가을 상경하여 뼛속깊이 사무치는 서울 혹한 속에 우린 부둥켜안고 마른 밤을 지새웠던 곡절 많은 세월을 함께 해 온, 참으로 떨어지고 싶지 않은 사랑하는 사이였는데 먼저 가다니 너무나 아파 가슴에 묻었다.

새 생명 움틈 속에 부활의 선포를 알리는 춘삼월 나는 사랑하는 그네를 떠나보내야 했다. 그네가 강남 갔던 제비가 돌아온다는 3월 3일 우리에게 차마 시선을 떼고 싶지 않은 듯 고요히 숨을 거둘 때 그 동공에 나의 슬픈 얼굴이 각인되었다. 지금도 꼬리치며 당장 달려 나올 듯한 환상에 시달리며 내 사랑 '치치'를 너무나 사무치게 그리워하며 아듀! 리베… 나와 10년을 생사고락을 함께했던 슬픈 그네에게 가슴으로 송사(送辭)를 전한다.

2.

강남의 마타하리

강남의 마타하리

내가 이경화(46세)씨를 본란에 '강남의 마타하리'라고 명명한 것은 특별한 인연으로 시작된다. 그녀는 현재 일반음식점 주식회사 우애 등 3업체의 대표이다. 그녀가 살아온 배경에 대해서는 깊이 알 수 없지만 1년여 동안 이일 저일 개인적인 문제(법률문제)로 사업상 관련을 맺다보니 자연스럽게 마타하리와 대비되는 인물이 있어 본격적으로 동국대 Pia 최고위 과정67기에 추천하게 된 배경이 되었다.

우선 마타하리에 대해서 알아보자. 그녀는 1876년 마르가레 타게르트루이다젤레라는 긴 이름으로 네덜란드의 귀족의 딸로 태어났다고 한다. 기록에 의하면, 그녀는 집안이 망하자 16살 나이에 20연상의 남자와 결혼하게 되었지만 바람기 많고 포악한 남편 때문에 프랑스 파리로 도망을 치면서 기구한 운명에 맞선다. 그녀는 파리에서 인도네시아어로 '새벽의 눈동자'라는 뜻의 마타 하리라는 이름의 댄서 활동을 하게 되는데 타고난 몸매와 자유 분망한 성격에서 우러나오는 몸체어(누드에 가까운 춤)는 그녀가 댄서로 성공하는데 타고난 조건을 마련해 주었다.

그녀는 1차 세계대전까지 화려한 생활로 전성기를 누릴 수 있었지만 그녀가 40살이 되어가자 사람들의 인기는 떨어지고 일할 자리가 점점 사라져 외로움을 탈 시기인 1914년 1차 세계 대전이 발발했고, 프랑스와 독일은 그녀가 고위급 간부들과 친하다는 사실을 이용해 자기 나라의 스파이가 되어줄 것을 권하였고, 이는 피아 첩보국의 좋은 물색망에 해당된 인물정보에 속한다.

그녀가 두 나라의 2중 간첩생활을 시작하게 된 것은 양쪽 공작국의 머리싸움 자체로 지금도 미궁에 있지만 어찌되었거나 프랑스 파리의 에펠탑에서 프랑스군들이 독일의 전문을 도청하면서 그녀의 정체가 드러나기 시작한 것 같다. 그 내용은 'H21호에게 프랑스로 돌아가 사명을 계속 수행하도록 권고하라. H12로는 국립은행에서 발행하는 5천 프랑의 수표를 받을 것이다.' 이 내용을 본 프랑스 군들은 그녀가 H21호라는 사실을 알게 되었고 약 7개월간 추적 끝에 종국 심리가 끝나 판결이 이뤄진 1917.10.15 파리 벵센느 숲에서 사형이 집행되기까지는 거의 극비에 부쳐진 사건이다.

안개마저 자욱한 이른 아침. 파리 교외 반센느 둑에 설치된 처형대에 오른 그녀는 옷을 모두 벗어 던져 버리고 눈부신 알몸을 드러낸 채 찬란한 햇볕 아래 섰다. 제3군법 회의의 판결로 'M.G. 젤러를 스파이 혐의'로 사형에 처 한다는 선고문이 낭독되었고 12명의 사수가 마타 하리를 향해 정렬했다. 사형집행인이 그녀에게 다가가 눈가리개를 씌워주려 하자 그녀는 "내게 손대지 마세요. 눈가리개도 필요 없어요."라고 말했다고 한다. 그리고 잠시 후 그녀는 12자루의 소총에서 발사된 총탄을 맞고 세상을 등졌다. 이때 그녀의 나이 41세.

마타 하리의 주검은 해부용 시신으로 처리되었다고 전해진다. 하지만 1914년 암스테르담 독일 영사로부터 스파이로 활동할 것을 권유받아 일명 '첩보원 H21'이란 이름으로 프랑스 장교에 접근해 군사기밀 정보를 악보로 암호화 하여 독일에 빼돌렸다는 정도가 지금까지 알려진 전부다.

한때 프랑스 사교계 고위층의 공동의 애인으로서 파리의 상류사회를 자유롭게 출입할 수 있었으므로, 제1차 세계대전 당시 일약 그 이름을 널리 퍼뜨린 여자 스파이. 그녀에 대한 두 가지 의문을 제기할 수 있겠다. 첫째는 프랑스의 태도이다. 프랑스 정부는 그녀의 총살을 '참 다행이라는 식'으로 군사작전 실패를 전부 마타하리에게 덮어씌웠다는 사실이다. 어찌보면 그들의 어리석은 작전에 의해 도출된 문제점도 그녀의 희생으로 돌렸다는 의구심이 짙은 가운데 그녀가 스파이로서 정보를 누설했기 때문이라고 탄핵한 것이다. 결국 마타하리는 비굴한 역사의 한 페이지에 각인된 비운의 존재가 되었다는 점이다. 둘째는 그녀의 마지막 태도이다. 처형될 당시 '나를 쏠 수 있는 남자는 없어'라며 옷을 벗어젖힌 그녀의 마지막은 어쩜 영화 같지만, 그녀는 이렇게 육체로 항변했다는 사실이다. 마타하리는 비정한 운명에 농락당한 미모의 여성으로 원래의 이름은 잊혀지고 그녀의 진실이 어디까지인지 베일에 가려진 채 그저 예명만이 남아 전설이 되고 있는 것이다.

다시 본란의 이경화로 돌아가 보자. 인류 최악의 재앙 중 하나로 꼽히는 후쿠시마 원전사고. 6년이 지났지만 원전과 방사능 오염수가 흘러든 바다 마을에서는 여전히 전쟁을 치르고 있다는 후쿠시마의 또 다른 피해자 이경화!

이처럼 후쿠시마는 한 국가(일본)의 참상으로 끝난 것이 아니라 인류재난으로 끝난 것. 더 나아가 한 개인에게도 영향을 미치게 하였으니 그 피해 당사자가 이경화다. 그녀가 꿈 많던 시절, 일본인과 결혼하였으나 서류상 오해가 발생하여 이를 두고 출입국 측으로부터 위장결혼이라는 죄명으로 강제출국명이 떨어져 기착한 곳이 강남이었고 아픈 사연을 부둥켜안고 입술 깨물고 일어선 곳이 지금의 주식회사 우애. 이런 가슴 저민 사연을 안은 후쿠시마 원전사고는 그녀와 어떤 상관관계가 있는가? 후쿠시마 원전사고로 그곳 영사관 자료가 전부 소실되었고 그것은 이경화의 운명을 뒤바뀌게 한 미제사건이 되고 말았다. 이로써 그녀는 두 번 다시 돌아갈 수 없는 일본국에 대한 항변조차 하지 못하게 만든 미제 사건의 주인공이 되고 말았다.

당시 350만㎡ 여의도 공원의 15배에 달하는 도쿄전력 후쿠시마 제1원전은 6년이 지났지만 수소폭발을 일으켰던 1, 3, 4호기는 폭발의 참상을 그대로 드러낸 채 방치돼 있다니 소실된 기관속에 파묻혀 있던 한 개인의 인적자료가 되어 버렸지만, 역설적으로 당시 사건당사자인 이경화를 그곳에서 빠져 나오게 한 자체는 어쩜 신의 가호라고 놀란 가슴을 쓸어내린 그녀다.

그녀는 일식의 특별한 요리를 일본 내에서 습득한 이상 지금도 주식회사 우애를 비롯한 그녀의 사업체는 일식 도시락을 주특기로 하고 있다. 그러기에 후쿠시마 원전사고로 인하여 일본전역 및 아세아 태평양 지역일원에 미친 영향은 지진해일 직후 유출된 방사능으로 하여 어종은 물론, 오염수에 직격탄을 맞은 어촌 마을을 안타까워한다. '현재 수산당국에 의해 안전이 확인된 어종만 잡아 올리는 시험 조업이 재개됐지만 어획량은 대지진 전 평균치의 8%에 불과하다'고 전문가답게 분석하여 눈길을 끌기도 했다.

어찌되었거나 그녀는 지나온 악몽 같은 시간을 반추하는 건 너무 서글픈 일이라며 기억자체가 리얼하고 힘든 일들이 많았음을 상기하고 현재 자신의 모습으로는 미완성이라서 어설프게 마타하리처럼 상대(이성이나 조국)에게 완벽을 꿈꾸었던 그녀와는 다르다는 것을 분명히 했다.

특히 그녀는 지금 자신의 삶의 과정을 오픈하면 시작은 흥미로울 수 있지만 전혀 만들어 놓은 것이 없는 상태에 개봉한다는 자체가 마치 연민어린 마타하리가 남성들에게 나신을 드러내어 춤을 추는 것 같아 멋쩍다고 유머 섞인 심정을 토로하기도 한다.

다만, 탐정 일에 대해 기회가 주어진다면 다양한 정보교환이 가능하다는 점에서 흥미롭게 생각한다고 전제하고 업무종목의 다양화로 좋은 기회라 생각되어 국가나 사회 그리고 개인으로써 신분상승의 계기가 될 듯하다고 피력하기도 했다.

더구나 농업, 상업 등에 관한 세계 사람들에 대한 시스템을 조사하고 싶고 가령 인도가 머리에 이고 배달하는 도시락배달 시스템을 하버드대 출신이 연구했던 것처럼 세계에 작은 움직임을 하나하나 조사를 하여 한국이라는 나라에 접목시키고 싶다는 당찬 포부를 밝히기도 했다.

미래식량이나 미래에너지 등 일본이 전쟁 후에 대한민국 전국에 가서 1년 씩 살면서 물고기가 생성하는 바다와 수역 등을 연구, 일본은 벌써 몇 십 년 째 수입을 통해 어족의 형태와 진화를 분석하는 인재를 양성 또는 채용해서 전문가를 양성하고 있다는 말을 들었다며 아마 탐정이라는 말도 이들을 말하고 있는 것이 아닌가 상상하기도 했다.

일본 영사관 주최 작년 삼성동 소재 코엑스에 열린 '후쿠시마는 살아 있다'라는 일본인 주관 행사에 그녀가 손수 만든 이모니나베(찌개)를 주문하여 또 한 번 역사의 아이러니를 불러일으키게 했다는 사실이다. 사람들은 이를 두고 우연이라는 말로 대신하지만, 이날 행사장에 이모니 요리(토란과 된장사용)를 '후쿠시마는 살아 있다'에 출품케 된 것이 우연치고는 너무 운명 같은 느낌을 받았노라고 술회한다. 우연도 두 번 만나면 인연이 되고 세 번 만나면 운명이라는데 이렇듯 후쿠시마는 그녀의 전 생애를 관통하는 운명선이 되고 있는 것일까?

이경화가 일본이 나를 버렸다고 늘 생각해오던 날. 역사의 아이러니는 또다시 이렇게 그녀를 부른 것이다. 일본의 '후쿠시마는 살아 있다'라는 행사에서 이경화가 만들어낸 찌개가 행사장에 이날 사용된 것은 어쩜 살아 있는 역사를 웅변한 것이라고 한 그녀는 어느 날 꿈에 양탄자를 타고 일본에 건너가는 꿈을 꾸게 된다.

나는 그녀에게 '마타하리가 최후에 12자루 총신 앞에 섰을 때를 어떻게 생각하느냐' 묻자 그녀는 거침없이 '마타하리가 벗고 나신으로 항변한 것은 개인적인 연출에 불과하지만, 내가 만일 그러한 시츄에이션 선상에 선다면 개인적인 항변으로 벗을 것이 아니라 국익을 위해 나신으로 설 것이다'라고 단호하게 말하여 다 품어내지 못한 그녀의 응어리진 한(恨)이 어디까지인지를 가늠케 했다.

상하이 덩 여인

상하이 덩 여인! 그녀에 대한 글을 쓰기 전까지 필자의 목록에는 그녀를 포함 4명의 여인 후보가 있었다. 까다로운 심사위원처럼 찬찬히 그 목록을 보면서 독특한 색감의 그녀들 중 어떤 후보가 가장 적당할까 고민해 보았다. 목록 가장 첫 번째 놓여 있던 장 모 연예인은 고인이기 때문에 사자(死者)에 대한 명예문제가 마음에 걸렸고, 최근 집단관음증을 유감없이 불러일으킨 신모 여인은 '노이즈 마케팅'이냐 '보복의 굿풀이냐' 등의 시끄러운 세간의 평판과는 상관없는 미증유의 싸움이자 예단키 어려운 현재진행형 사건의 중심이라는 점에서 역시 걸렸다. 세 번째 물망에 올랐던 엘리카 김은 법정에서 이미 기소유예 됨으로써 시사성 측면에서 진가가 퇴색되는 바람에 배제되었다. 그래서 결국 국익 측면에서는 다소 부담이 가지만, 「미・소・독 정보기관 고찰」 학위자의 시각에서 한 번쯤 접근해 볼만한 주제라 생각되는 덩 여인을 이 글의 소재로 채택하게 된 것이다. '상하이 여인'으로 불리는 그녀를 여기에서는 '상'을 '쌍'으로 표기하여 시각을 새롭게 하고자 한다.

'전쟁은 수단을 달리해 이어지는 정치일 뿐이다'라고 유명한 전쟁 이론서의 저자 클라우제비츠가 말한 대로, 이 세상은 표면적 전쟁만이 없을 뿐, 사실은 끝없는 정치 전쟁이 벌어지고 있는 중이다. 이러한 전쟁의 최상의 목표는 오랫동안 불이익을 당하지 않고, 적을 저항하지 못하게 만드는 것. 그 최상의 목표를 위한 가장 대표적이고 효율적인 수법으로는 '스파이' 투입을 거론하지 않을 수 없다.

한국외교관들과 부적절한 관계를 맺고 기밀자료를 빼낸 소위 '상하이스캔들'의 주인공 덩신밍(33)! 조야의 언론을 들끓게 하여 갖가지 추측들을 난무하게 만든 덩신밍은 우리나라 외교계 엘리트들의 부끄러운 자화상을 만천하에 공개한 장본인이다. 더구나 이 사건은 덩 여인의 정체가 명확히 밝혀지지 않은 상태에서, 현지 방문 조사단이 속 시원한 해답도 없이 상하이 탕녀의 추문 정도로 정리하고, 그녀와 연관된 외교관 4명을 징계조치함으로써 서둘러 봉합해버린 감이 없지 않다. 결국 이 사건은 우리의 씁쓸함만을 불러일으킨 채 영원한 미제인 듯한 인상으로 막을 내렸던 것이다.

덩신밍의 사건을 지켜보면서 마타하리나 안나 채프먼 등과 같은 과거에 지구촌을 뒤흔든 '미녀 스파이'들을 떠올려 본다. 사실 스파이 사건에는 일회용 반창고식의 단순 거래는 없다. 오래된 붕대로 감은 듯이 사건의 배후나 진실을 몇 겹씩 풀어내야만 비로소 해결의 실마리를 잡을 수 있는, 겹겹이 얽힌 사건들이 대부분이다. 하지만 스파이들의 수법은 그야말로 고전적이고 단순하다. 미인계로 관련자에게 접근하여 고급정보를 빼내는 것. 이 단골메뉴는 1, 2차 세계대전과 냉전시대는 물론 현대에 들어와도 심심치 않게 등장한다.

네덜란드 출신 '마타하리'는 미녀 스파이의 대명사다. 그녀는 1차 세계대전 당시 프랑스 파리 물랭루주의 댄서로 사교계에서 명성을 날리면서 프랑스 군부와 정계의 고위층으로부터 정보를 빼내 독일에 넘겼다. 결국 그녀는 1917년 프랑스 정부에 체포돼 반역죄로 총살당하는 비운의 종말을 맞이해야 했다.

일본에는 '동양의 마타하리'로 불리는 '가와시마 요시코'가 있다. 그녀는 청나라 왕족출신으로 6살 때 일본에 양녀로 보내져 성장하고 일본간첩으로 활동했다. 일본의 괴뢰정권인 만주국이 세워지는 과정에서 혁혁한 공을 쌓았으나, 1948년 중화민국 정부에 체포되어 반역죄로 총살된 것으로 알려져 있다.

한국에서는 일제 때 이화여전을 졸업한 미모의 인텔리 여성 '김수임'이 대표적이다. 그녀는 해방 후 당시 미8군사령부 헌병대장 존 베어드 대령과 동거하면서 북한 초대 외교부장을 지냈던 연인 이강국(동경제국대학 출신)에게 미군 정보를 넘겼다. 1950년 체포돼 총살됐으나, 2008년 이강국이 미국 중앙보국 요원이었다는 기록이 발견돼 김수임 사건이 조작됐을 가능성이 있다는 주장이 제기된 바 있다.

영국에서도 마이크 핸콕 하원의원의 여보좌관 '카티아 자툴리베테르'(25세)가 러시아의 대외첩보 수집기관인 'SVR'에 국방 정보를 유출한 혐의로 체포되어 한동안 언론이 떠들썩했다.

지난해 미국에서는 미모의 러시아 스파이 안나 채프먼이 화제였다. 28세의 이혼녀인 채프먼은 온라인 부동산 회사를 운영하면서 유창한 외국어 실력과 화려한 외모로 뉴욕의 고급 클럽과 레스토랑을 드나들며 사교계의 거물로 떠올랐다. 그녀는 미국 정부 관리들과 사업가들로부터 수집한 정보를 러시아에 넘기다 체포되었다.

최근에는 주로 러시아와 중국의 여성 스파이가 현대사에 짙은 향수를 뿌리고 언론에 오르내린 바 있다. 지난 2월 대만에서는 한 현역 소장이 중국이 보낸 미모의 30대 여간첩에게 포섭돼 7년간 극비정보를 넘겼다 구속되는 사건이 벌어졌다. 이 여 스파이는 무역업자로 위장해 태국과 중국 대륙, 미국 사이를 오가며 뤄 소장에게 섹스와 금전공세를 펴 왔다.

이처럼 얼굴이 무기인 미녀 스파이 수법은 첩보사의 영원히 깨지지 않는 전통이다. 그러면 상하이 여인에게 이용당한 우리나라 엘리트들의 면모는 어떠한가. S대 졸, 행시 합격, 정부 부처 인사팀장 출신, 유명 로펌 출신, 사시 합격, 전총영사 미 변호사 취

등… 화려한 명성과 권력의 중추인 그들은 사실상 덩 여인에게 베개를 바꿔가며 그녀의 치마폭에서 벗어나지 못한 위인들이다. 참으로 가관인 것은, 정치적이고 사실적이며, 치열한 상하이스캔들이 이웃집 여자처럼 생긴 한 여자를 가운데 두고, '사랑이 변하면 손가락이라도 잘라 드리겠다' 사랑(?)고백에서 절정을 이르게 해 실소를 금치 못하게 했다는 사실이다. 이 정도 되면 열손가락이 모자랄 판이 아니지 않은가? '별을 따다가 그대 두 손에 고이 드리겠다'는 옛 정서와는 달리, 상당히 도발적이고 열정적인 사랑 고백법이어서 남자로 태어난 것을 부끄럽게 하였다.

덩 여인에게 제공한 권력은 모든 편의와 조건을 제공해 준 부정여권발급에서부터 '내 사랑은 변함없다' 등의 자필 각서까지 각양각색이지만, 모두 웃지 못 할 씁쓸함에 차마 우리의 아들, 딸이 배울까 두려운 것들뿐이었다. 이 얼마나 추악한 파워엘리트들의 모습이었나.

덩 여인의 비자 부정발급 뒤에는 개인의 이권을 노린 단순거래가 아니라는 의혹이 생긴다. 언제나 상하이 당서기의 일정을 바꿔가면서 한국 고위 인사들과의 면담을 성사시킨 사실로 볼 때, 이 여인이 얽힌 사건은 단순 브로커 사건이 아닌 게 분명하다. 그러나 덩 여인이 '중국판 색계'(특별한 기방술)가 아니겠냐는 우리의 의심의 눈길을 애써 외면한 중국은 '마타하리는 무슨, 탕녀인 것을….'이라 하며 이 사건을 개인적인 치정 사건으로 축소해버렸다.

이러한 중국의 국익을 고려한 듯한 발언과 3류로 몰아가기를 유도하는 노골적 태도를 우리는 주시했어야 했다. 이는 급기야 한국의 조사단을 만나 주지 않는 냉대로 이어졌으므로.

상하이 여인 사건의 어설픈 종결은 전문가의 시각으로 볼 때, 아마추어적인 처사라고 하지 않을 수 없다. 단순 브로커라고 하기에는 너무나 대단한 권력의 중추에 서 있는 덩 여인! 그녀의 출신이 상하이라는 점도, 그 상하이라는 입지에는 장쩌민 전 주석, 후진타오 현 국가주석, 시진핑 부주석, 우방궈 상무위원장 등 거물급 출신들이 포진해 있다는 점도, 모두 우연이 아닐 것이다. 이 때문에 '덩'을 둘러싸고 덩샤오핑의 손녀벌이란 설과 중국군 정보기관인 총참모부 소속 요원이란 설이 제기되기도 하였다. 더구나 사건발생 후 덩 여인의 행방이 묘연한 상태에 있는 것, 역시 의문이다.

상하이 덩 여인을 둘러싼 사건은 현대판 첩보전과 일맥상통한다고 보여진다. 미녀 스파이를 활용한 첩보전! 이는 인류의 생성과 함께 해온 가장 고전적인 수법이지만, 지금까지도 미녀 스파이가 등장 때마다 들썩이는 걸 보면, 역시 가장 파장이 큰 효과적인 수법이지 않나 생각해 본다.

빅 브라더

천재적인 작가 조지 오웰(George Orwell)이 1948년부터 1949년까지 써내려간 소설 「1984」는 섬뜩할 정도로 가공된 허구의 인물인 '빅 브라더'가 지배하는 가상세계다. 절대 권력을 지닌 자의 대명사처럼 인식된 빅 브라더는 사회적 부정적 의미가 매우 짙다. 그럼에도 불구하고 굳이 내가 이 글의 제목으로 '빅 브라더'를 고집한 이유는, 결론적으로 말하면 나의 오랜 닉네임이기 때문이다.

'1984' 작중 당원인 오브라이언은 이렇게 말한다. '과거 권력들이 무너진 이유는 자신의 권력을 타인 또는 사회를 위해 쓰려고 한다는 착각을 했기 때문이다. 우리는 우리를 위해 권력을 갖고 있고 지킬 것이다.' 그렇다. 나는 나를 위해 모든 것을 '빅 브라더'라는 닉네임으로 방어기재를 구축해온 것이 사실이다.

그런데 나의 고유한 닉네임 '빅 브라더'는 '1984'에서 묘사된 대로 섬뜩하고 가학적인 의미와는 사뭇 다르다. '1984'에서 그려진 빅 브라더는 지배자 혹은 당의 원수로, 오늘날 도청이나 CCTV와 다름없는 텔레스크린, 마이크로폰, 사상경찰 등을 통해 당원들의 사생활은 물론 머릿속 생각까지 감시한다. 그 어떤 정치권력이라도 전 방위적 감시와 사찰로 정권안보를 위한 수단으로 이용하는 것은 권력의 남용이 아닐 수 없다. 하지만 빅 브라더는 그런 비판쯤은 가볍게 뿌리칠 정도로 절대 권력의 대명사이다.

오웰의 『1984』는 몇 가지 특징이 있다 첫째, 사상이나 이념, 지역, 통치 등 모든 분야를 초월하여 전개하고 있다는 점이다. 둘째, 지배와 복종이라는 논리가 분명한 공간 개념이 존재한다는 점이다. 그러나 나의 닉네임 '빅 브라더'는 모든 이상(ideal)은 아름답지만, 현실이 된 이상은 기대만큼 아름답지 못하다는 세계관에서 출발했다. 20세기가 그랬고 21세기도 마찬가지이겠지만, 과거 프랑스 혁명의 변질과 복고에 대한 기억도, 러시아 혁명도, 세계대전 속에서도, 여전히 인간을 아름답게 찬미하던 이상주의자들에게 지울 수 없는 먹구름만 드리우지 않았던가? 오늘 우리가 살고 있는 모든 정치사회에서도 '빅 브라더'는 형태만 바뀌어 있을 뿐, 늘 존재하고 있는 것이다.

한때는 엘리트적 이상주의자이자 열정적인 행동가이기도 했던 조지 오웰로서도 인간성을 믿었던 모든 사람들의 실패를 온몸으로 지켜보아야 하지 않았는가? 그런 점에서 나 역시 선택된 엘리트로서의 자부심이 20년 공직생활로 마감할 때는 고독한 빅 브라더처럼, 타다만 숯덩이처럼, 초라한 몰골이 되어 있음을 뒤늦게 확인했던 것이다.

조지 오웰은 「동물농장(Animal Farm, 1945)」에서 혁명의 실패를 시니컬하고 통렬한 어조로 비판하고 있다. 모든 사람이 통제되는 경직된 미래사회를 그려내며 인간성에 대한 마지막 믿음까지 철저하게 허물어뜨린 그는 과거의 인물이 아니라 현존하는 인물임에 틀림없다. '둘 더하기 둘은 넷이라고 말할 수 있는 자유, 이것이 자유이다. 만약 자유가 허용된다면 그 밖의 모든 것도 이에 따르게 마련이다'라는 책속의 주인공의 독백은 시사하는 바가 크다.

나는 인생의 전반전을 조직 속에서 보내면서 과거의 기록은 현재의 상황에 맞게 얼마나 지속적으로 수정되어왔고, 언어는 '어떤 것'을 말하느냐 뿐만 아니라 '어떻게' 말하느냐 까지 얼마나 대단한 통제 하에 놓이는가를 절절이 체감해왔다.

오웰이 부록으로 사용한 '신어(New speak)의 원리'가 언어적이었다면, 나의 경우는 독심술과 같은 비언어적인 영역 차원에서 '빅브라더'라는 닉네임을 선택한 것이다.

20년 공직생활 속에서 고도로 훈련된 스파이와 지능범죄자를 상대로 포커페이스에 가려진 진심을 꿰뚫는 능력은 실무상 필수적 요건이었으니… FBI, CIA내에서 인간 거짓말탐지기로 불리는 요원들처럼 나 역시 조직에서는 독심술의 대가라 스스로를 격려해왔다. 20년에 걸친 인간 행동연구를 바탕으로 나는 내 안의 최고 정예요원인 '빅 브라더'를 끊임없이 재창조해왔다고 할 수 있다. 비언적인 차원에서의 행동심리는 다음과 같이 책에서도 그 실례를 찾아볼 수 있을 것이다.

행동은 말보다 더 크게 말하며, 행동만으로 사람의 심리는 노출된다. 태권도 대련 시 상대의 주먹과 발을 보는 것이 아니라 상대의 눈을 보는 것도 이와 같은 것이다. 유능한 사범은 상대의 눈을 응시하라고 하고 그 어떤 경우에도 시선을 놓쳐서는 상대의 공격을 방어할 수 없다고 강조한다.

행동의 비밀은 변연계에 숨어 있으며, 인간을 지키는 3단계 생존 메커니즘은 정지, 도망, 투쟁이다. 즉 위험하면 멈추고, 멈춰서 해결되지 않을 때 도망치며, 마지막 도망칠 수 없는 막다른 길에선 목숨을 걸고 싸우게 되는 것이다.

나는 44세에 공직을 마감했다. '마흔'과 '조직생활'이라는 시공의 시각에서 '손자병법'을 읽을 기회를 가질 수 있었다. '손자병법'은 싸움의 기술을 가르치고 있는데, 그 가르침 속에는 '싸움의 기본은 속임수'라는 치사한 내용도 포함되어 있다. 그러나 손자병법의 밑바탕에는 경쟁자를 나와 함께 살아가는 동반자로 인정하는 철학이 숨어 있는 것이다.

속마음은 얼굴에 스치며 생각과 의도는 얼굴 주름에 나타난다. 팔은 기쁨과 좌절을 나타내며 떳떳하지 못할 때 뻣뻣해진다. 감정은 손으로 전달되기에 손놀림은 무의식의 표현이 된다. 하지만 몸의 어느 부위보다도 발은 신체에서 가장 정직한 부분이다.

성공적인 연설가로 손 움직임을 가장 패권적으로 이용한 아돌프 히틀러인 경우, 제1차 대전 때는 일개 병사에 불과했고, 연대장을 그리는 화가 지망생이었을 뿐이며, 무엇보다 보잘것없는 왜소한 체격의 소유자였다. 하지만 그가 어떻게 독일제국의 독재자로 우뚝 서서 세계와 역사를 전율케 할 수 있었을까? 그것은 바로 "하이! 히틀러"라는 비언어적이고 수사학적인 손기술 때문이 아닐까 생각한다. 그는 어떤 경력이나 무대 경험도 없었지만, 그 손을 들며 충성을 외치는 행위가 인간의 심리를 좌지우지할 수 있다는 것을 본능적으로 알고 있었다. 꼭 그것만이 전부는 아니지만, 이 손기술을 통해 히틀러는 역사를 좌지우지할 정도의 막강한 영향력을 끼치게 된 것이다.

거짓말 탐지기 실험에서 거짓과 진실은 95% 신뢰수준이다. 감성자극(50%)-이성충돌(45%)=거짓말탐지기로 파악되나 나머지 5%는 영안으로만이 가능하다.

이는 방어기제의 개념과 주요유형 10가지(억압, 합리, 투사, 환상, 반동형성, 퇴행, 고착, 전이, 승화, 부정)에서 잘 나타나 있다.

미국 최고의 비언어 행동전문가이자 전직 FBI요원인 '존 내버로'는 상대방의 몸짓과 표정을 읽음으로써 사람의 마음을 간파해 효과적인 커뮤니케이션의 기술을 담은 행동심리학을 구축해놓았다. 그에 따르면, 단순히 특정 행동이 아닌, 인체의 메커니즘과 심리를 총체적으로 분석해 불필요한 오해를 없애고, 효과적으로 의사를 전달하는 것이 핵심이라는 것이다. 실제로 1999년 콜럼바인 고등학교 총기난사 사건과 2007년 버지니아공대 총기난사 사건, 최근 오클랜드 총기난사 사건에서 볼 수 있듯이, 치명적인 공격자에게서 살아남기 위해 본능적으로 행한 정지반응으로 몇몇 학생들이 목숨을 구할 수 있었다.

심리학자인 마빈 칼린스 박사 역시 심리학, 생물학, 사회학, 커뮤니케이션을 연구한 결과를 바탕으로 몸짓의 의미와 행동의 메커니즘을 분석하기로 유명하다. 이와 같이 비언어 커뮤니케이션은 타인의 본질적인 진심을 찾는데 핵심적인 단서를 제공하는 것으로 알려져 왔다. 요즘처럼 협상, 회의, 데이트, 면접 등 생활에 꼭 필요한 행동의 기술은 물론 범죄를 수사하는 일선 경찰에게도 유익한 고급 지식이 담겨 있어 눈길을 끌고 있기도 하다.

오웰의 역설적인 '신어의 원리' 표현처럼 「1984」야말로 소멸되어야만 하는 대표적인 문학작품 중의 하나인지 모른다. 삶과 정치, 그리고 진실들. 분명 조지 오웰이 상상했던 1984년과 같은 끔찍한 시기는 다행히도 도래하지 않았다. 하지만 삶이 곧 정치라는 관점에서, 개인의 삶이 정치에 참으로 무관심하다는 조지 오웰의 기본적인 생각만큼은 여전히 유효해 보인다.

어떤 사회도 정치적 편견으로부터 아주 자유롭지 않다. 예술은 정치와 무관해야 한다는 견해 자체도 어찌 보면 하나의 정치적 태도이다. 빅 브라더는 개인정보에서 국가전략에 이르기까지 세상의 불편한 진실임에는 틀림없다. 그런 점에서 요즘 나는 닉네임 자체로만으로도 '불편'의 중심에 있는 것이다.

추리소설 본좌의 맞대결

영국계 추리소설의 거장 코난 도일이 창조해낸 명탐정 셜록 홈즈와 이에 맞서는 프랑스 추리소설의 매력적인 캐릭터 아르센 뤼펭(뤼팡)이 대결 한다면 어떨까? 나는 아주 어린 시절 이들이 사건수사에 명석한 추리를 펼치는 장면을 동네 만홧가게에서 시간가는 줄 모르게 읽은 적이 있다. 나는 이 둘이 만일 동일사건으로 '결전을 벌이면 어떻게 될까?'라는 상상을 생뚱맞게 하곤 했다. 어린 시절 유독 추리소설을 닥치는 대로 읽었으니, 청년이 되어 명탐정을 꿈꾼 건 그 유년의 경험이 상당히 작용한 게 아닌가 싶다. 나는 어린 시절 궁금했던 기억의 편린을 더듬어 추리소설의 본좌인 '셜록 홈즈'와 '괴도 뤼팡'의 자료를 이곳저곳에서 수집, 발췌한 내용을 바탕으로 그 오랜 미완의 장을 마감하려고 한다.

우선 셜록홈즈와 뤼팡을 비교해 보자.

1854년 영국, 요크셔 출생 셜록 홈즈와 1874년 출생한 아르센 뤼팡! 이들은 20년 간극을 벌리고 있지만, 둘 다 추리소설 장르의 본좌로 수세기 동안 기억되고 있는 인물들이다. 아버지 테오프라스트 뤼팡과 어머니 앙리에트 당드레지 사이에서 태어난 뤼팡은 홈즈에 비해 20년 후배이나, 추리소설 속에서는 전혀 선배 예우를 하지 않았다. 오히려 그 도도한 속성을 유감없이 내비춰, 수사에는 선후배가 없이 오직 실력만이라는 냉혹함을 엿볼 수 있게 했다. 홈즈가 런던 베이커 거리 221번지 2층, 30럭스의 실내등이 주야로 켜져 있는 음습한 방, 안락 흔들의자 위에 빛바랜 모포가 늘 널려 있는 방에서 사건추리에 골몰하는 식의 심리학자 스타일이었다면, 뤼팡은 「호랑이 이빨」에서 밝힌 바 있듯이 그가 태어난 곳은 루아르 강변의 도시 블루아로 알려져 있으나 세인의 추적을 피해 출생증명서를 위조했을 가능성을 배제할 수 없는 등 자유분방한 공격지향적인 스타일이었다는 점에서 서로 다른 성격의 소유자로 분석된다.

홈즈는 청, 장년기에는 변장술이 능한 사립 탐정이었을 뿐 아니라 아마추어 복서출신으로 펜싱, 합기도 등 스포츠 만능이었으나 말년으로 갈수록 관찰력이 뛰어나고 꼼꼼하며, 논리적이고 차분한 성격이 되어갔다. 즉, 외향적에서 내향적으로 변신을 거듭하게 되었는데, 한 사건을 맡으면 온 정열을 쏟아 부어 하루 종일 방에 틀어 박혀 일에 매달리는 일도 허다했다.

더구나 홈즈는 범인을 잡는 것보다는 사건을 해결해 나가는 과정을 굉장히 즐기며, 냉철한 듯 보이지만 때로는 인간미 넘치는 따뜻한 정을 보여 주기도 했는데, 탐정이라는 직업이 경찰과는 다르기 때문에, 진실만 밝혀지면 가해자라도 동정심을 베풀어 놓아주기도 했던 것이다. 그래서 홈즈는 인간미 풍기는 범죄수사의 신사로도 알려져 있다.

홈즈는 앞에서도 언급했듯이, 놀랄 만큼 변장술이 뛰어났다. 사건을 조사하기 위해 거지, 목사, 측량기사 등으로 변장을 했는데, 얼굴 표정이나 행동, 옷차림 하나하나까지 완벽하게 바꾸기 때문에 동료인 왓슨조차도 알아보지 못할 때가 많았을 정도.

그의 이런 감상적인 품성은 바이올린 연주를 즐기는 대목에서도 엿볼 수 있다. 사건이 풀릴 만하면 음악회를 가거나 바이올린을 연주하면서 마음을 정리하곤 했던 것이다. 파이프 담배 피우는 것을 무척 좋아하며, 담뱃재에 대한 상당한 지식을 갖고 있는 등 섬세하고 치밀한 후각은 흙이나 발자국의 모양을 보고 인물을 탐색하는 능력으로 발현되어, 과학수사가 대종을 이른 작금의 수사와는 다른 영역의 추리에 대가였던 것이다.

또 다른 홈즈의 이상 심리구조는 심심하다거나 지루하면 벽에다 총질까지 하는 가학성 내면을 갖고 있기도 해 그의 조력자 왓슨까지 섬뜩하게 만들곤 했는데 일상이 지루하다고 느끼면 코카인이나 모르핀을 투여하는 습관이 있었다고 한다.(셜록 홈즈 장편집 「네 사람의 서명」

중 초반 스토리에서…)

홈즈는 1903년 은퇴한 후, 영국의 서섹스 지방에서 꿀벌을 치며 이에 대한 논문을 발표하였으며, 탐정에 대한 모든 것을 책으로 집필하면서 말년을 보낸 것으로 전해진다.

원래는 홈즈의 「마지막 인사」에서 나타난 대로라면 짐 모리아티와의 결전에서 상대와 같이 죽는 것으로 되어 있어 1857년 1월 6일이 홈즈의 정확한 사망일이 되었으나, 팬들의 격양된 항의로 인해 「홈즈의 귀환」편에서 다시 살려냈어야 할 정도로 홈즈 팬들의 극성이 대단했다 한다.

다음으로, 괴도의 왕 아르센 뤼팡에 대한 기본 프로필을 음미해 보자.

그가 태어나고 얼마 지나지 않아 부모가 헤어지는 바람에 뤼팡은 결손가정에서 자랐다. 혼자가 된 어머니 앙리에트는 어린 뤼팡을 데리고 드뢰-수비즈 백작 부부의 집에 얹혀살게 된다. 그 시기 어머니가 당하는 수모를 앙갚음하기 위해 여섯 살의 어린 뤼팡은 그 집 보물 중 하나인 마리 앙투아네트 왕비의 목걸이를 훔치게 되는데, 이것이 괴도 뤼팡의 최초 절도행각이 되었다.(단편 「왕비의 목걸이」 중에서)

「칼리오스트로 백작부인」에서는 뤼팡의 가족력을 훔쳐 볼 수 있다. 귀족의 혈통을 이어받은 감수성 풍부한 어머니와는 달리 하층민 출신인 아버지는 권투와 펜싱, 기계체조에 통달한 체육교사였다. 그 영향으로 어려서부터 온갖 격투기를 섭렵한 뤼팡은 일찍이 주짓수(Jujitsu, 柔術)와 사바트(savate, 프랑스식 권투) 사범으로 활동하기도 했다. 이는 단편 '아르센 뤼팡 탈출하다'에서 고해성사 식으로 털어 놓았던 대목에서 확인할 수 있다.

이밖에도 법학과 의학을 상당 수준 공부하기도 했는데 놀라운 것은 뤼팡은 라틴어와 그리스어를 비롯한 수많은 언어에 능통했으며, 예술품에 관해서는 전문가나 다름없는 감식안과 역사적 지식을 두루 갖추었다는 점이다. 그런가 하면, 웬만한 마술사 빰치는 마술실력과 더불어 경찰 수십 명쯤 혼자서도 너끈히 상대할 만한 완력의 소유자이기도 했다.

정치 성향은 젊은 시절엔 무정부주의적 자유주의자였다가, 1차 세계대전을 거치면서 점차 국수주의적인 반(反)독일 애국주의자로 변해간다. 전문분야는 큰 틀에서 볼 때 범법자(도둑)에서 법의 수호자(탐정, 형사 등)로의 이행과정을 보여주나, 각종 소설 속에서 40여 명을 훌쩍 넘는 서로 다른 인물들로 변신하며 살아가는 가운데, 실제로는 무수한 직업을 섭렵한 것으로 보인다.

뤼팡은 전(全)생애 중 수많은 여성과의 로맨스를 거치면서 다섯 번 이상 결혼한 것으로 알려져 있는데, 그의 여성편력은 「칼리오스트로 백작부인」, 단편 「아르센 뤼팡의 결혼」, 「기암성」, 「호랑이 이빨」, 미발표 「아르센 뤼팡의 마지막 사랑」에서 그가 고무신을 매순간 바꿔 신은 고백들이 무성하다.

「아르센 뤼팡 체포되다」, 「813의 비밀」, 「호랑이 이빨」 등에서 그는 세 번 이상 체포, 구금되었다가 탈출한 전력이 있고, 「기암성」, 「수정마개」, 「호랑이 이빨」에서 세 번 이상 은퇴하였다가 복귀한 경력을 자랑 반 회의 반 어정쩡하게 토로한 이력도 있으며, 한 번의 자살시도가 있었다(「813의 비밀」). 이상은 소설 속에 등장한 뤼팡의 심층 프로필을 분석한 내용이다.

이와 같이 그의 다양한 인물로 변신을 거듭했던 만큼 뤼팡의 생김새를 논하는 것 자체가 무모한 일인지 모른다. 그의 실상은 실제 얼굴로 존재 하겠지만, 필경 스무 조각으로 갈라지는 요술 거울처럼 다섯 명의 결혼 상대여인들도 뤼팡의 본 모습을 아는 자는 한 사람도 없다는 것이 정평이다.

전혀 색다른 눈빛, 제각각 독특한 생김새와 제스처, 실루엣에서 성격까지 순간순간 달라지는… 무정형의 모습들만 어지러이 던져놓고 사라지는, 그 누구로도 한정되기를 거부하는 아르센 뤼팡! 그럼에도 몇 안 되는 단서들에 의거해 그의 특징적인 외모를 추출해내는 것이 아주 불가능하지는 않다.

예컨대 레오 퐁탕(Léo Fontan, 1884~1965)이 제작한 최초 아르센 뤼팡의 초상화에서, 그는 갸름한 얼굴형과 입술 끝에 묻어나는 빈정대는 듯한 미소, 그리고 사람을 흘겨보는 듯한 영민한 눈초리를 갖추고 있다. 또한 외눈안경과 실크해트, 상어머리가 달린 지팡이에 흰 장갑 등 소품에서 그 당시 사교계 댄디(dandy)의 전유물이라 할 분위기가 풍겨 나왔다. 실상 그와 같은 특징들은 정작 소설 속에서는 별로 언급되지 않는 아웃사이더적인 요소들이다.

그밖에 중키의 신장에 약간 야윈 듯하면서도 강건해 보이는 체격, 이두박근 부위의 옷소매가 탱탱하게 불어나 보이는가 하면, 유연하고 날씬한 허리 위 당당한 상체가 떡 벌어진 근사한 모습이라는 단서도 있다(「초록 눈동자의 아가씨」 중에서). 하지만 아르센 뤼팡의 생김새에 관해 우리에게 주어진 가장 정확한 정의가 있을 수 있다면, 그건 아마도 연대기 작가의 솔직한 입을 빌려 르블랑 자신이 제시하는 다음과 같은 대목일 것이다.(단편 「아르센 뤼팡 체포되다」)

괴도신사라는 뤼팡의 별명에서 '괴도' 즉 도둑은 정확히 우리 형법상 주거침입죄에 해당하는 이른바 '불법가택침입자'를 의미한다. 도둑으로서 아르센 뤼팡의 독보적인 특징은 자신의 범행을 스스로 공개한다는 사실에 있다. 범행현장에 명함을 남겨둔다든가, 짧은 메모('괴도신사 아르센 뤼팡. 진품이 제대로 갖춰지면 다시 방문하겠음')로 물건 주인에게 충고까지 곁들이는 태도는 사상 유례 없는 도둑의 개성이자, 대중을 단번에 사로잡는 매력 포인트이기도 하다.

심지어, 앞으로 저지를 범행을 예고하고 나서 멋지게 성공시키는 과정을 살펴보면 절도를 거의 마술이나 예술의 경지까지 승화시켰다는 찬사를 받기에 부족함이 없다. 중요한 건 그런 절도행위에도 반드시 지켜야 할 불문율이 존재한다는 점이다. 첫째, 부당하게 부를 축적한 졸부라든가 사회 기득권 세력만을 범행 대상으로 삼아 우리

네 홍길동(의혈단 류)수준이란 점. 둘째, 단순히 재물만 취하는 게 아니라, 그럼으로써 피해자를 조롱하고 그 위선을 폭로함으로써 대중적 카타르시스를 유감없이 발휘했다는 점. 셋째, 가급적 상대의 만용이나 불안감을 심리적으로 이용함으로써 대중적 공복감을 공유하고 있다는 점. 넷째, 여하한 일이 있어도 살인은 피함으로써 독자들의 혐오감을 피하는 고도의 심리전을 구가 하고 있다는 점… 이런 원칙들이 치밀하게 작용하는 절도행위는, 단순히 남의 재물을 탐하는 차원을 넘어서, 일종의 예술적 퍼포먼스 내지는 보다 깊은 의식 속에 자리한 욕망의 표현으로 승화시켰다는 평을 낳았다.

이쯤해서 내가 어린 시절 궁금했던 가상 추리극의 대결구도는 이 정도에서 접기로 하겠다. 만일 이 두 사람이 같은 시대, 동일 사건으로 맞대결한다면 과연 승자는 누가 될까? 이 두 사람은 소설에서 한 번 붙은 적이 있다고 하는데 뤼팡 작가가 홈즈를 너무 의도적으로 깔아뭉개는 글을 쓰기 시작하면서 코난 도일이 불쾌감을 심하게 느꼈다 한다. 자료에 의하면, 뤼팡은 언제나 천재도둑인데 비해 홈즈는 그 꽁무니나 쫓는 3류 탐정으로 묘사되었다는 점에서 홈즈 쪽에서 '프로끼리 그러지 말자는 항의 서신'을 보낸 뒤로는 중단되었다고 한다. 이로써 추리소설에 대한 나의 오랜 꿈도 미몽에서 깨어났다.

용 서

나는 용서라는 단어 앞에 한때 열정을 다해 사랑했던 한 여인을 고발한다. 시쳇말로 '고무신 바꿔 신고 떠난 그네'를 '상처 없는 용서 없고 용서 없는 상처 없다'라는 씁쓸한 기억을 떠올리며. 나는 그녀를 저주의 대상으로 정죄한 채 평생을 기도하고 설교를 들었으나 겉마음과 속마음이 용서 앞에 갈등하고 있음을 고백치 않을 수 없다.

내가 해병대 입대통지를 받고 입대 전 1개월여 동안 그녀와의 진한 만남은 군 생활 중 최전방 지루한 OP생활이 '레테의 강'이란 이름으로 메꾸어졌고, 꿈결처럼 제대 후 만남을 약속했기에 푸르고 싱싱했었다. 그러나 전역하고 귀향한 나는 그녀가 X-마스이브날 제3 연인과 드라이브 중 전신주를 들이받아 전복사고를 당했다는 소문을 듣게 되었고, 그녀는 사경을 헤매는 순간에도 주검까지 동승했던 그 남자 이름만 불렀다는 사실을 뒤늦게 알게 되었던 것이다. 나로 하여금 더욱 분노케 한 것은 둘을 화장하여 한라산 중간 산에 뿌렸다는 것인데 요즘 황사가 심하면 그 유골이 날아와 코 속을 통해 폐 속 깊은 그때 분통으로 터져버릴 뻔했던 심장을 압박하는 듯한 착각에 빠진다는 사실이다.

영화 '밀양'의 여주인공(신애) 전도연이 세계적 영화제의 하나인 칸영화제에서 여우주연상을 차지하면서 세간에 유명세를 탄 영화! 특히나 영화의 주제가 교회와 신앙에 관한 철학적 관점을 내포된 탓에 기독교인들 사이에서도 서로 상반된 주장을 불러 일으켰던 영화 '밀양'은 나의 평생 품어온 심정과 다르지 않는 모습으로 화면에 가득했다.

주검이 되어 돌아온 아들을 보며 오열을 하던 전도연에게 교회가 다가와 여태껏 느껴보지 못했던 새로운 세계를 접한 전도연은, 대부분의 한국교인들처럼 새로운 피조물로 거듭나고, 구원을 받았다는 확신에 빠져 들게 된다. 모든 것을 용서하고 모든 것을 사랑해야 한다는 성경의 가르침에 따라 그녀는 자신의 아들을 죽이고 교도소에 갇혀 있는 가해자를 용서해 주기 위해 그 사람을 면회하러 간다.

그런데 죄의식 속에 초췌한 몰골로 맞을 것이라 생각했던 살인자는 이미 자신은 주님의 은혜가 임하여 모든 죄 사함 받았고, 구원을 받았으며, 주님의 사랑 안에서 행복하고 기쁜 삶을 산다며 너무나 기름지고 평온한 얼굴로 대하자 아들을 죽인 범인의 그 같은 모습을 보면서 극심한 배신감을 느낀 전도연은 허탈감과 함께 혼란 속으로 빠져들게 된다. '내가 용서를 해준 적이 없는데, 하나님이 용서를 해주었다는 것' 필설로 형언할 수 없는 괴리적인 시추에이션에 절망한다. 전도연과 유괴범에게 있어서 하나님의 최대의 선물인 용서는 무엇이란 말인가? 나는 이 영화를 보면서 나의 내면 깊숙한 곳에 도사려 있는 의문을 떠올려야만 했었다.

마크 트웨인이 남긴 '용서는 제비꽃이 자기를 밟아 뭉갠 발꿈치에 남기는 향기다.'라는 아름다운 명언 역시 사람마다 감응하는 대상이 다르다고 할까, 아니면 달라이라마 표현처럼 '용서는 단지 자기에게 상처를 준 사람을 받아들이는 것만이 아니다. 그것은 그를 향한 미움과 원망의 마음에서 스스로를 놓아 주는 일이다. 그러므로 용서는 자기 자신에게 베푸는 가장 큰 베풂이자 사랑이다.'라는 것일까?

용서라는 단어 자체는 '현실에 엄청나게 상처 입은 개개인의 몸부림'이 아닌가 싶다. 엄청난 분노를 안고 살아가다보면 몸도 마음도 하얗게 타버리기 마련인데… 마음에 병도 생길 수밖에 없고. 내가 원하는 대로 기억을 망각시킬 수도 없고, 그래서 결국 '용서' 밖에 없다는 것이 한스럽고, 약자의 변 같은 것이기에… 그래서 누구에게도 타인의 상처를 비평할 권리는 없는 것이다. 결과론적으로 용서는 숭고한 종교적 행위가 아니라는 점이다. 불같이 타오르는 분노로 삶의 시간들을 하얗게 소각시킨 뒤 잿더미가 된 폐허의 삶으로부터 탈출하기 위해 어쩔 수 없이 가야하는 길이 용서인지 모르지만 지금도 용서가 옳은 것인지 그른 것인지를 따지는 마음으로부터 벗어나지 못함을 토로치 않을 수 없나. 여전히 용서라는 먼 길을 홀로 걸어가고 있는 내 자신을 발견하고 한밤중 식은 땀을 흘리며 가위에 눌리고 때론 용서라는 감옥에 갇혀 있는 모습에 스스로 절규하곤 한다. 그 씁쓸한 기억 때문에 악몽도 꾸고, 보고 싶지 않은 얼굴을 꿈길에서 만나면 다음날 하루 종일 언짢아 있는 내 모습에 당황하기도 한다.

나에게 있어 용서란 단어는 여전히 진행 중이다. 2차 세계대전에서 참혹한 아우슈비츠 수용소 체험기 『이것이 인간인가』에서 프리모 레비는 "나는 그 현장을 경험했기에 용서라는 말을 할 수 없다."고 말한 작가의 심정처럼 용서라는 말을 내적치유나 그 어떤 방법으로 해결되는 것이 아니리라… 나는 나를 용서치 못하는 아픔 때문에 신앙을 찾게 되었지만 지금도 나는 '용서'라는 말에 동의할 정도로 정화되어 있지 않다. 그리고 상대적 박탈감으로부터 초연할 경지에 이르기까지 나의 고뇌어린 갈등은 끝나지 않았다.

용서는 기적이다. 기적은 쉽게 일어나지 않는다. 그래서 내 생애 가장 어려운 단어는 용서다.

내 다음 생애는

아직도 가야할 길이 먼 나에게 다음 생애라니! 그건 역설이고 고문이다. 그러나 어찌하랴. 주제가 주어졌으니 '까라면 까지 뭐.'

우선 하고 싶은 것이 무얼까 곰곰 생각하니 가장 먼저 떠오르는 것은 사랑! '사랑'을 빼놓고 달리 무얼 생각할 것인가.

20세 연하 헤어드레서와의 '마지막 불꽃' 같은 사랑을 한 에디트 피아프. 병마에 시달린 샹송가수 에디트 피아프의 힘겨운 투명생활을 지켜준 그리스 출신 꽃미남의 헌신적 사랑! 캬~! 피아프는 갔지만 그의 노래는 오늘도 우리의 귓가에 사랑의 위대한 힘을 속삭이고 있지 않은가. "푸른 하늘이 우리 위로 무너진다 해도 온 세상이 내려앉는다 해도 아무 상관없어요. 우린 서로 사랑하고 있으니까요.(「사랑의 찬가」 중)"

바로크 회화를 꽃피운 광기의 예술가 카라바조, 불멸의 연인을 찾아 1세기 동안 풀지 못한 로맨틱 미스터리 주인공 베토벤, 끝없는 여성편력으로 드라마의 제왕이었던, 그 바람기를 잠재운 건 세월뿐이었던 헨리크 입센, 사랑은 가도 예술은 남아 명작의 바탕이 된 보델과 비밀 동거를 했던 폴 세잔, 50년간 인정받지 못했지만, 자신의 정부를 '레미제라블'에서 영원히 숨 쉬게 만든 빅토르 위고, 로렌스 올리비에와 무대 위에서 키운 사랑, 이별 뒤에도 그리움만 쌓였다는 비비안 리, '결혼 안 해 주면 내 가슴에 총을 쏘겠소'라며 사랑의 총알을 남발한 드뷔시, 허무함만 남긴 오나시스와의 열애, 빈 가슴 채운 건 팬들의 사랑이라던 마리아 칼라스, 남녀 모두를 동시에 사랑한 록 스타의 보헤미안 러브스토리 프레디 머큐리, 세 번의 약혼과 세 번의 파혼으로 방황하던 프란츠 카프카, 이상은 정석범 문화전문기자의 『예술가의 사랑』에서 발췌한 것들이다. 그렇다! 이들은 하나같이 헤겔의 표현처럼 '열정 없이 이뤄진 것은 없다'를 유감없이 보여준 농축된 삶을 살았던 것이다.

아무리 사랑하는 사이라도 과거는 고백하지 말라고 했던가. 19세기 후반 영국의 대표적 문학작품으로 꼽히는 「테스」에서 작가 토마스 하디는 사랑을 대하는 남성의 이중성과 도덕적 편견, 사회적 인습을 고발했지 않았던가. 나 역시 이제야 밝히지만, 이중적인 사랑을 했음을 고백한다.

'젊어서 좌파가 아니면 가슴이 없는 것이고, 늙어서도 좌파면 머리가 없는 것'이란 말이 있다. 젊은 시절 사회주의자였거나 좌파 성향이었던 자들이 경제학 수업을 들으면서 자유시장주의자로 돌아서는 경우를 목도할 수 있었다. 학문의 길 고비마다 그들에겐 멘토가 있었다. 스승에 대한 존경심과 모방욕은 강력한 학문적 동기로 작동했는지 모른다. 그런데 나에겐 늘 반대였던 것으로 기억된다. 젊어서 좌파가 아니고 우파이어서 가슴이 없었던 같고, 늙어서도 좌파가 머리가 없는 것이 아니라 우파라서 머리가 무거운 것 같다. 이런 나의 모습을 남들이 '돌대가리'는 아니라는 말로 대충 정리해 주었다. 그나마 큰 위안이 아닐 수 없다. 다음에는 머리나 가볍게 살아 봤으면….

방랑벽의 천재 시인 아르튀르 랭보는 프랑스 상징주의를 대표하지만, 한창 문학적 취향으로 고상을 떨 무렵 나에겐, 이른바 나의 3대 생애 지표인 '최후의 로망티스트', '리버럴리스트', '휴먼리스트'의 원조가 아니었나 회고해 본다. 랭보가 부모의 불화로 방랑을 하게 되면서, 그의 평생을 집요하게 따라다니던 결핍감을 독서로 극복해냈듯이, 나 역시 나의 일생을 일만 권 이상의 잡식성 독서로 채워왔다.

다음 생애는 '해가 지지 않는' 대영제국을 건설한 보수-자유당의 두 대표 디즈레일리-글래드스턴 같은 세기의 '라이벌'을 만나고 싶다. 이들은 국가를 끌어올린 생산적 경쟁자였을 뿐만 아니라, 각각 소속 당을 대표하는 인물로 사상도 성격도 정반대였다. 디즈레일리는 진취적이고 재기 넘친다는 평을 들었던 반면, 글래드스턴은 완고한 기독교도의 성향에 장황하게 설명하기를 즐기는 인물이었다 한다. 두 사람은 단순한 정적을 넘어 누구도 못 말릴 앙숙으로도 유명했다. 한 예를 들어 보자. 글래드스턴의 지지자 한 명이 그를 '멋진 친구(Grand Old Man)'라는 뜻의 'GOM'이라는 애칭으로 부르자, 디즈레일리는 'GOM은 신의 유일한 실수(God's Only Mistake)'라며 빈정거릴 정도였으니… 이 얼마나 아름다운 맞수였던가? 나는 이런 아름다운 라이벌을 만나고 싶다.

공자는 정치인이었다. 후대 사람들이 '성인' 이미지를 부각시켰지만… 실은 신의 도(道)를 현실화하려고 꿈꾸던 정치인이었던 것. 사학자 이덕일 씨가 있는 그대로의 공자를 조명하는 책 『내 인생의 논어. 그 사람 공자』을 내놓으면서 많은 사람들의 고개를 갸우뚱하게 만들었다. 학자로서의 명성과 달리 정치인 공자의 인생은 순탄치 않았다. 천하를 제패하려는 군주들이 공자의 평화 사상을 받아들일 수 없었기 때문이다. 공자는 그런 현실을 고뇌하면서 14년간 천하를 주유했는가 하면 '바로 세운' 노나라를 기반으로 천하를 도모하려하기도 했다. 공자의 이른바 천하 개혁프로젝트! 성인군자 VS 세속정치가 얼마나 리얼한 공자의 '두 얼굴'이었던가? 이 책은 순탄치 않았던 공자의 삶을 통해 욕망하고 갈등하는 인간을 리얼하게 그렸지만, 사실 이것은 누구나 내면에 갖고 있는 두 얼굴인 것이다. 여기서 나도 예외는 아님을 고백치 않을 수 없게 한다.

두 얼굴 하면 마키아벨리의 『군주론』을 떠올리게 한다. 한 시대를 풍미한 책으로 만난 마키아벨리는 『군주론』에서 정치 행위가 종교적 규율이나 전통적인 윤리로부터 자유로워야한다고 주장해 근대 현실주의 정치사상을 최초로 주창한 인물로 평가받고 있다. 마키아벨리는 내가 경쟁조직 사회에서 살아남는 방법을 열심히 터득했던 시기에 만났기에 내 인생의 한 매듭을 맺는데 중요한 영향을 끼쳤다. 한걸음 더 나아가 '병법이란 속이는 이치(詭道, 궤도)이며 전쟁에서는 모략으로 공격하는 모공(謨攻)이 중요하고 성벽을 공격하는 공성(攻城)은 최하위에 해당한다'라 주장한 손무(孫武)는 중국 최고 병법가다. 그는 사마천에서 '손자(孫子)'란 존칭을 얻었다. 조조(曹操)의 『손자병법』 주석본의 나오면서 그의 병법은 수많은 이론에 인용되고 실전에 응용되면서 험난한 시대를 살아가는 나를 비롯한 우리네 삶의 경영철학으로서 자리매김하게 됐다.

살아 있을 때 이미 전설이 된 철학자 루트비히 비트겐슈타인은 공학을 공부하면서 철학적 천재성을 인정받아 『논리철학논고』 하나로 학계의 신성으로 떠오른 인물이다. 그가 그의 철학적 사유를 좀 더 깊게 하기 위해 케임브리지대학으로 돌아왔을 때, 희대의 존 메이너드 케인스까지 신이 도착했다고 평할 정도였다. 모든 철학사 집필가가 그가 등장하는 부분을 놓고 당혹스러워할 정도로 독창적이고 난해하면서도 기이한 사상가 비트겐슈타인! 1999년 타임지가 20세기에 큰 영향력을 끼친 100명을 뽑을 때 철학자 중 유일하게 선정하였으니 당연히 관심인물이 아닐 수 없었던 것이다. 당시 철학하면서 데스칼트 - 칸트 - 쇼펜하우어 - 비트겐슈타인(데칸쇼비)을 알지 못하면 아예 철학을 논하지 말라고 할 정도로 이들의 영향력은 대단하다.

이쯤해서 '내 다음 생애는'을 마무리 하고자 한다. 우선 사랑했으므로 내가 존재하였으며 지식을 쌓아 돌대가리라는 말을 듣지 않았으므로 오늘을 있게 하였다. 줄곧 살아가면서 대적하는 라이벌이 늘 상대적으로 관계해 왔으며, '나'란 정체성에 늘 두 얼굴로 갈등하고 변신해 왔던 것이다. 이 과정에 마키아벨리가 가르쳐 준 방식과 손자병법에서 터득한 이론서로 제 딴에는 자칭 '전략전술의 대가'로 변신을 하다 보니 이 나이가 된 것이고, 결국 아무도 닮지 않은 한 초로의 자화상, 회한으로 얼룩진 자화상만이 남아 이 장을 엮고 있는지 모른다.

내게 다음 생애가 주어진다고 가정하면, 괴테처럼 살아보면 어떨까 생각해 본다. 이 고뇌에 찬 글을 깔끔히 정리하기 위해서는 괴테가 딱! 적격이기에. 요한 볼프강 폰 괴테(1749년 8월 28일~1832년 3월 22일)는 독일의 작가이자 철학자, 과학자이다. 바이마르

대공국에서 재상직을 지내기도 하였다. 생애 왕실고문관인 아버지 요한 카스파르 괴테와 프랑크푸르트암마인 시장의 딸인 어머니 카타리네 엘리자베트 텍스토르 사이에서 태어났다. 북독일계 아버지로부터는 '체격과 근면한 생활 태도'를, 남독일계의 어머니로부터는 예술을 사랑하는 '이야기를 짓는 흥미'를 이어받았다. 어려서 천재 교육을 받은 것으로 알려진 그는, 내 생애가 다시 주어진다면 한 번쯤 닮고 싶은 인물이다. 그는 사랑의 대전제 하에서는 용감하고 현명했으며 전 생애를 통해 아주 부러운 생애를 구가하였다. 그러면서 그의 이름은 참으로 각광받는 존재로 모자람이 없다. 괴테가 파우스트를 처음 접한 것은 어린 시절 인형극장을 통해 「파우스투스 박사」를 본 것에 유래한다고 전해진다. 그러나 그는 성경의 마태복음 4장에 등장하는 예수(파우스트)와 악마(메피스토펠레스)의 대결(영혼을 파는 계약)에서 영향을 받은 것이 분명하다. 그리고 작품 「파우스트」를 완성한 것은 죽음을 몇 주 앞둔 상태였다니, 그가 평생을 파우스트 작품 구상에서부터 집필 완성에 이르는 생성의 역사가 바로 시인의 평생 수명과 맞먹는 70여년 세월이라 해도 과언이 아니다. 이 기간 동안 괴테는 치열하게 고민하고 성찰한 세계관적, 철학적, 종교적 문제를 「파우스트」에 압축해서 풀어놓았으며 작가이자 시인으로서 쌓은 예술적 힘을 이 한 작품에 모조리 쏟아 부었다. 그래서 「파우스트」는 작가 괴테의 삶과 문학이 총체적으로 투영된 저장고라 할 수 있다.

다시 태어난다고 달라질 게 있겠는가?

'다시 태어난다면….'

참으로 자신을 돌아보게 한 무거운 주제임에 틀림없다.

과거와 현재가 대비되는 날들을 변명처럼 되뇌어온 글들을 모으는 것으로 대충 얼버무려 보자! 나는 내가 죽으면 묘비명을 어떻게 정할 것인가에 망설여 본 적이 있었다.

묘비명

자신의 묘비명에 '우물쭈물하다 내 이럴 줄 알았다.' 버나드 쇼가 죽어서도 웃긴 글이다.

'The end of construction thanks for your patient.(공사 끝, 감사합니다. 그동안 인내해주어서…)' 빌리 그래함의 여사 루스 그래함의 묘미명이다.

외관상으로 아빠로서 이제는 할 만큼 애들을 위해 다 했다고 생각한 자리였다.

나는 물기 있는 목소리를 가다듬고 "내가 죽거든 모 대학 병원에 시신 기증을 하기로 약속하였기 때문에 슬퍼할 필요도, 묘비명을 쓸 필요도 없다."라고 사뭇 비장감 어리게 유언 비슷한 말을 했던 적이 있다.

마침 궂은 날씨로 정전까지 된 실내. "애들아! 그런 사람이 오래 산단다." 엄처시하의 그녀가 분위기를 반전케 하여 울음이 아니라 웃음바다가 되고 말았다. 정전 되었던 실내에 전기마저 들어와 모처럼 계획했던 일이 실패로 끝난 적이 있다.

나는 평생 두 여인에게 지배되어 살아야만 했다. 한 여인은 회초리를 든 엄마였고, 또 한 여자는 수년간 기러기아빠로 헌신의 삶을 살게 한 아내.

재능 있는 애들의 뒷바라지로 수많은 주야를 홀로 메우면서 나는 내 평생의 여자들로 인해 늘 손해 보고 살아왔다. 그래서 『나는 아내와 결혼할 것을 후회한다』라는 책을 아주 흥미롭게 읽었다.

인생의 종착역에 이르렀을 때에 사퇴의 변이 바로 묘비명이다. 박장대소할 묘비명 하나. 방송인 김미화 씨가 미리 써뒀다는 '웃기고 자빠졌네!' 가히 소크라테스 독배를 들면서 '악법도 법이다' 수준급이 아닌가.

나의 병력?

생각하고 느낀 바를 순서도 없이 그대로 읊조리는 자체만으로 '카다르시스'라고 누군가가 말했다.

그 장르의 바다는 깊고 심오하리라는 막연한 기대에 부응치 못하고 있지 않나하는 자괴감이 짙으면서 찾아오는 공포감….

우리들의 정신적 질병은 모두가 편견의 결과라는 장 자크 루소의 『에밀』에서의 주장처럼 인간이 만들어낸 제도는 모두 어리석고 모순투성이라며 애써 자족하기엔 자꾸만 왜소해지는 느낌을 져버릴 수 없다.

사람들이 어떻게 생각할지, 무슨 말을 할지 전혀 예상하지 못한 채 고독한 은신처에서 세상에 내던져 있는 그런 느낌, 오늘날의 문학과 학문은 건설적이기보다는 파괴적인 모습이다.

오직 공익만을 지향하는 목소리는 여전히 크게 들리지만 감동적이지 못하다. 왜냐하면, 모순된 설정과 공상적인 착상이 결탁한 상태에서는 악(惡)은 추호도 개선되지 않은 채 선(善)만이 타락하기 때문이다.

그래서 사람들은 불안전한 개선 방안보다는 차라리 현행방안을 철저하게 따르는 것이 낫다고 생각하는 모양이다. 그 편이 훨씬 모순이 덜하기 때문….

인간은 동시에 상반된 두 개의 목표를 지향할 수는 없는 존재이기 때문에 더욱 그렇다.

누가 나에게 물었다. "당신이 문학을 한다며?" 약간 비웃음 같은 것이 묻어나는, 시니컬하고도 기분 꺼림칙한, 다소 교묘하게 다가오는, 질문이었다.

로이스

문학이란?

『장미의 이름』의 저자 옴베르트 에코는 '한 장의 사진으로 미니 픽션'을, 제임스 조이스는 '언어로써 시각적 이미지'를, 루이스 보르헤스는 '아이디어로 이미지를 디자인'했다.

수필이야기의 정의는 어떨까? 로이스 표현처럼 '글을 쓴다는 것은 자존심 하나로 고궁을 거닐 수 있는 여유' 정도인지 모른다.

프랑스 철학자 콩트와 영국 시인 칼라일 사이에 완전한 종교가 기독교인가를 놓고 격론을 벌인 적이 있다. 그러나 결론은 예수처럼 십자가에 매달려 보지 않고는 참 종교를 논할 자격이 없다며 지루한 종교논쟁을 마쳤다고 한다.

한때 시를 쓰고 싶다고 생각한 적이 있다.

국어시간이었다. 주제가 섬이었는데, 한창 문학 소년의 기지를 발휘하여 '너는 나의 영원한 고독…'(후략) 빼빼 마르고 심각하게 돋보기를 올렸다 내렸다 하는 선생님은 "이것 너무 고루하지 않아?" 그래서 시인의 꿈은 무참히 깨졌다.

성년이 되어서 이문열의 『레테의 편지』를 읽으면서야 아… 그

국어선생이 정확히 짚어 주었다는 사실을 알게 되었다. 역시 시인은 천재가 아니면 꿈도 꾸지 말란 것을.

한창 사춘기를 넘어 이성에 호기심이 절정에 이를 때였다. 나는 최초 연서를 이렇게 쓴 적이 있다. "님이여! 나에게 펜의 자유를 주시겠습니까? 만일 자유를 주신다면, '나는 당신을 사랑합니다.'라고 쓰겠습니다." 물론 답장은 없었다.

그래서 사랑을 주제로 한, 로맨스를 쓰고 싶다던 소설가의 꿈도 깨졌다. 문학은 연민처럼, 잊혀질듯 말듯 가슴의 응어리처럼 인생을 아프게 했다. 문학이란 나에겐 일종의 고문 같은 것이었다.

로이즈!

나는 유독 장미를 좋아했던 시기가 있었다.

릴케가 벼랑 끝에서 장미를 꺾으려고 하다 가시에 찔려 죽었다는 글을 읽고 장미는 바라보라는 것이지 꺾는 것이 아님을 알게 되었다.

문학은 나에게는 꺾을 수 없는 장미 같은 것인지 모른다. 릴케처럼 아름다운 죽음을 기대할 순 없으니깐. 연세대 명예교수이자 200개의 나비넥타이를 자랑하는 멋쟁이 김동길 박사! 86세에 시를 300편이나 암송한다며 「조선일보」에 대문짝만큼이나 크게 실림으로써 초로에 접어든 나에게 까닭 모를 희망을 심어 주었다. 그렇다. 그가 결혼은 하지 않았으나 많은 여자와 사랑했다는 고백.

나도 사랑에 대해 다음과 같은 변명을 하면 어떨까?

사랑이란 이름의 변명

시시한 파워포인트 프레젠테이션 앞에서 열변을 토하는 어떤 연사의 모습. 그 연설을 하품을 참고 경청하는 고문 속의 학생들. 이 연설의 주제가 '사랑'이라면 역설일까?

그렇다. 'bule3456' 표현처럼 '지고지순한 사랑은 문학에서나 존재하고 소설에서나 존재' 하는지 모른다.

성경에서 사도 바울이 '가이샤' 앞에 섰을 때 그에게 이렇게 물었다 한다. "헬라는 철학을, 로마는 법을 주었는데 너희 예수는 우리에게 무엇을 줄 것이냐?" 사도바울은 거침없이 "사랑"이라 답했다. 그것처럼 당신도 자신 있게 아가페적(조건 없는 사랑)인 사랑을 누군가에게 줄 수 있겠는가?

누가 내게 물었다. 선생님은 첫사랑을 간직하고 있는 모양인데 도대체 누구냐고… 내가 무엇이라 대답한 줄 아는가? 나에게 있어 첫사랑은 '햇살 같은 것, 물보라 같은 것, 바람 같은 것'이라고.

사랑이 무엇인가 하면… 가장 흔한 말! 사랑은 그저 사랑으로밖에 표현될 수밖에 없는 표현인지 모른다.

용서

스티브 맥퀸과 더스틴 호프만이 주연한 1973년 방화관을 뜨겁게 달구었던 영화 「빠삐용」 동명의 영화로 더 유명한 이 작품은 조국 프랑스의 잘못된 사법체계에 맞서 죽음을 무릅쓰고 자유를 쟁취했던 남자의 이야기다.

'앙리 샤리에르'의 자전적 실화 소설이다.

빠삐용은 인간에 의해 만들어진 감옥 중 가장 끔찍한 감옥이라 일컬어지는 '악마의 섬'에서 종신 무기수로 죽어 가느니 비록 상어 떼가 득실대지만, 자유의 바다에 뛰어드는 모험을 감행한다. 수십 미터의 벼랑으로부터 야자수 열매를 채운 자유와 함께 바다 속으로 뛰어들어! 그는 탈출에 성공한다.

영화는 여기서 끝나지만, 자전적 소설의 2부는 눈에 보이는 감옥 탈출에서 진정한 마음의 감옥에서 탈출로 감동을 더한다. 진정한 마음의 감옥에서 탈출은 무엇인가?

앙리 샤리에르는 자신의 복수대상이었던 검사에 대한 '용서'로 영원한 감옥에서 탈출한 것이다.

나는 아주 가까운 기억으로 한 여류 수필가의 도발적인 글을 읽은 적이 있다. 글 마디마다 꿈틀대는 그의 야성에 나는 이렇게 서평을 달아 주었다.

숨겨진 야성

수필가 윤재천의 평 '신선하고 독특한 시각이 내재된 애정미학'이라는 '연지아씨'는 질투를 동반하고 다가왔다. 작가는 무엇에도 구속되지 않는 삶을 살고 싶어 하지만, 그저 두 가슴 교차할 수 있는 주파수만 맞으면 된다는 것은 자기애에 대한 일종의 항변이 아닐까?

그녀의 작품에서는 내가 좋아 하는 스타일과 '끼'가 느껴진다. 입문 시절 매우 선호했던 색다른 '맛'과 잃어버린 세대(Lost generation)에 대한 향수가 되살아나게 했다.

풋풋하면서 야릇한 산 속의 풀내음 같은, 작가가 희구하는 표현. 감각적이고 감동적인, 그러면서도 팽팽한 긴장감이 있는 그런 류의 글을 좋아했으므로 그녀의 글은 나의 스타일에 딱 맞았다.

언젠가 평했던 것처럼 윤재천은 '깊이와 길이, 넓이가 인문의 피타고라스(삼각함수)가 가능한 작가'이다. 그녀가 추구한 문학 장르, 이른바 '퓨전수필'이란 것도 사실 가벼우면서 무거운 주제가 아니었던가?

이제 작가의 말인 다른 문학처럼 의도된 이야기가 아닌 리얼리티, 생동감이 넘쳐내는 열기와 진솔한 고백이 재치 있게 잔뜩 묻어있는 그림으로 들어 가보자.

작가는 마음이 아팠다. 며칠을 앓았다. '아까시 꽃이 향기를 잃고 다 지자 오빠는 다시 돌아갔다.'라고 했다. 그녀는 도발적이고 세상과 부딪치며, 자신의 의도대로 되지 않았을 때 자학하기도 하고, 내심을 불태우고 있는 것이다. 언제가 휘발성으로 다가왔다가 자신의 몸 사위를 언제 그랬느냐는 듯 침묵하며 히트&런 식의 게

릴라성 도발을 뿜어댄다.

자신이 판 무덤을 돌아보며 벌통과 텐트가 있던 공허한 자리를 응시하며 이렇게 독백하고 있는 모습은 어쩜 그녀의 내면구조에 도사린 이중구조인지 모른다.

독자(여기에서 순진한 나라고 해도 좋다)는 도발적이고 금방 확 불붙을 것 같다가 꺼져버린 허공을 지켜보며 '그녀가 누구였지?' 하며 홀로 물을 수밖에. 아! 이건 잔인한 춤사위가 아닌가?

'땀냄새, 꿀냄새로 범벅이고, 주인을 못 따라 간 벌들이 윙윙거린다'란 표현에서 자신의 모습을 반추한 그녀의 회심은 이른바 「사랑에 푹 빠지다」에 잘 나타나 있다.

작가의 보디랭귀지가 리얼하게 잘 드러난 대담한 언어유희는 3류적이며 일류적이다.

사랑의 묘약이라 할 수 있는 냄새, 그녀만이 갖고 있는 듯(?)한 체위적 향수를 맡아 보지 않고서는 가히 어찌 그 맛을 알 수 있겠는가?

이로써 그녀는 원초적 본능을 수필이라는 장르에 유감없이 내뿜고 있다. 독자들, 특히 순진한 나는 그것을 훔쳐볼 수밖에 없는 것이다. 대충 나는 이렇게 살았다.

하고 싶은 일 하나

사회심리학에 '의미 있는 선택(significant choice)'이라는 개념이 있다. 한 개인의 자기 평가에 단호한 결단을 촉구당할 때 그 결단은 중요한 의미를 갖는다. 나의 과거와 현재 그리고 미래를 탐색할 때 마지막으로 딱 한 가지만 할 수 있다는 전제의 제한적인 주문은 꽤나 심각한 갈등을 불러 일으켰다. 지난날 며칠인가를 고뇌하다가 최후로 얻은 결과물로 "나는 무덤을 만들지 않겠다."로 결심했던 일을 떠올리게 된 것이다.

나는 이미 오래전 시신기증을 등록(제19호)한 사실이 있다. 시신기증서에는 "본인이 사망한 뒤에 제주대학교 의과대학에 의학교육 및 연구를 위하여 자신의 시신을 기증하기로 서약한 분입니다. 이 증서를 발견하신 분은 뒷면의 연락처로 알려 주시기 바랍니다." 제주대학교 총장.

딸들이 외국유학길에 올라 있었고 홀로 기러기아빠로 끼니조차 스스로 마련해야 했던 시기. 나는 성자처럼 의로운 선택을 하였지만, 내가 얼마나 현실적으로 이중적인 삶을 살았던가를 회고치 않을 수 없다. 당시 나는 시신 서명시 의과대학 교무처장이란 사람의 명함을 받았었는데, 몇 달이 흐른 후, 소주나 한잔 하자며 연락이 왔을 때는, 순간, 나의 머리에는 소주잔에 청산가리를 타서 먹이지나 않을까, 하는 의심과 공포가 스쳐 방어본능이 되살아났다. 그의 호의적인 전화가 마치 저승사자의 호출처럼 느껴져 온몸이 굳어지며 식은땀이 비 오듯 쏟아졌다. 나는 무척 당황하여 바쁘다는 핑계를 대며 도망치듯 약속을 피했던 사실이 있음을 고백한다.

범인인 나(我)야 그렇다고 치더라도 인문의 대가인 장 폴 사르트르 역시 죽음 앞에 얼마나 천박하고 비겁했는가를 다음 기록을 통해 증명되었다. 이 글을 읽고 나는 스스로 위안을 찾은 적이 있다.

> 프랑스 실존주의 철학자 장 폴 사르트르가 1980년 4월 15일 사망했다. 그는 역사의 흐름에 시시콜콜 간섭하고 참여하는 실천적 시식인으로, 행동하는 양심의 전형이었다. 마르크스주의자로 지처하면서도 공산주의 종주국 소련이 저지른 1956년의 헝가리, 1968년의 체코 침공에 대해서는 단호한 비판을 할 정도로 자립적 지성의 면모를 보였다. 미국의 베트남 전쟁범죄 심사를 위해 영국 철학자 버트란드 러셀이 창안한 국제 법정의 발기인으로 참여하기

도 했다. 말년에도 마오이스트 계열의 기관지인 『인민의 기치』를 손에 들고 거리의 사람들에게 나누어 주던 사르트르였다. 1905년 6월 21일 파리에서 해군장교의 아들로 태어난 사르트르는 2살 때 아버지를 잃고 외가에서 자랐다. 아프리카에서 인도주의적 의료 활동을 펼친 오르간 연주자 슈바이처가 그의 외당숙이 된다. 파리 고등사범학교를 졸업하고 1933부터 4년간 독일에 유학했다. 유학 기간 중 접한 후설의 현상학을 독자적으로 수용해 펴낸 책이 『존재와 무』이다. 1964년 노벨문학상을 받게 됐지만 '부르조아들의 상'이라는 이유로 수상을 거부했고, 시몬 드 보부아르와의 '계약결혼' 역시, '부르조아적 결혼'에 대한 저항이었다. 사르트르와 평생 동반자 관계를 유지한 보부아르는 이날 2만 5천명이 운집한 가운데 열린 장례식에서 세상을 떠난 사르트르에게 장미 한 송이를 건넸다. 두 사람은 현재 파리 몽파르나스 묘지에 나란히 묻혀 있다. (조선)

프랑스가 자랑하는 철학자 장 폴 사르트르, 20세기를 대표하는 지성인이었던 그는 무신론적 사상으로 수많은 젊은이들이 예수를 믿는 믿음을 갖지 못하게 하는데 지대한 영향을 끼친 인문의 대가이다. 노년의 어느 날 그는 청천벽력 같은 말을 듣게 되었는데 폐수종이라는 병에 걸려 살날이 얼마 남지 않았다는 진단이었다. 대철학자니까 죽음을 인정하고, 무덤덤하게 받아들였을 것 같지만… 전혀 그렇지 않았다. 죽음이 멀리 떨어져 있지 않음을 알게 된 그는 고래고래 욕설을 질러대면서, 손에 잡히는 대로 물건을 집어던지고 간병사의 머리채를 쥐어뜯는 지경에 주변을 당혹케 했다.

병원 측은 인생의 철학을 정립한 노학자이기에 담담하고 품위 있는 죽음을 맞이할 줄 알았는데, 보통 사람보다 더 크게 반항하면서 행패를 부리는 모습에 몹시 당황했다. 오죽 난동을 부렸으면 급기야 프랑스 정부까지 일체 죽음이란 두 단어를 그의 앞에서 말하지 못하도록 조치 내릴 정도였다. 그의 명예를 보호하기 위해 그의 이런 행적들을 그 당시 비밀에 부쳤겠는가? 생각하면 얼마나 아이러니한가? 그러나 영원한 비밀이란 없다. 하나님을 거부했던 사르트르는 죽음 앞에서 왜 그토록 악해지고 두려움에 떨었을까?(daum 퍼온 글 중에서 발췌)

내가 믿는 하나님께 가장 감사하는 것은 사망 날짜를 미리 정해 주지 않았다는 사실이다. 이미 시신기증을 한 사람으로써 사망일을 정해 주었다면 얼마나 겁나고 숨찬 생의 맥박을 견디어내야 했을까?

나는 아주 그럴듯한 기제 하나를 갖고 있다. 시신이 실험용으로 주어졌을 때 건강하고 신선해야 의학발전에 기여할 수 있다는 일념 하에 나는 내 몸의 솜털 하나조차 소중히 생각하며 건강을 지키기에 올인 하고 있다. 역시 그럴듯한 변명! 오늘 나의 건강은 후학을 위한 것이라고….

나는 '살아가며 하고 싶은 하나'라는 명제에 시신기증을 한 이상 매우 자연스러울 수 있는 입장이다. 그래서 김찬호 씨의 '생애의 발견 속 모순과 자기 분열의 굴레'라는 헤드라인 속에 장석주의 표현을 빌리기로 한다. '카프카를 읽던 시절, 그녀를 앓던 시절'을 통해 "사랑은 장본이지만, 불륜은 복사본이다. 사랑은 심해를 달리는 고래의 붉은 눈이지만, 불륜은 세상 속에 갇힌 문조의 맑은 눈이다. 시작은 알 수 있으나 끝은 알 수 없는 미궁이 사랑이라면, 불륜은 끝이 보이지 않는 시작이었다." 이렇듯 나는 '사랑'을 '삶'으로 대비시켜 왔던 것이다.

나는 매주 한 편 정도의 영화를 관람하고 이에 대한 평을 네이버, 다음, Yes24, 무비스트, 인터파크 등에 게재하여 뜨거운 반응의 댓글과 성원에 스스로 자족하며 살아간다. 그래서 요즘의 세태를 반영하는 불륜과 범죄를 다루는 영화에 매우 익숙해 있다. 아이러니하게도 영화 「해피앤드」는 제목과는 달리 반전이 거듭되어 상대의 복수로 결말을 맺고 있는 것이 특징이다.

여 행

- 쇠잔한 육신의 항변 -

내가 개구쟁이였던 조무래기 시절 학교 앞 풀빵과 만홧가게를 겸한 곳에서 보냈던 시기는 늘 엄마의 회초리로 대변된다. 어린 나이에 많은 책(『괴도 루팡』, 『황금박쥐』, 『사상의 장미』 등)을 읽는 습관은 일종의 잡식성으로 뜻을 이해하거나 사색을 근본으로 한 것은 아니다.

다만, 이런 저런 취미 아닌 취미가 훗날 추리력이든가 상상력으로 일가견 했는데 그에 비해 여행이라는 동적개념과는 거리가 먼 정적개념으로 대변된다고 할 수 있겠다.

난 늘 어른들로부터 나이에 비해 조숙하다고 평가되곤 했는데 그건 순전히 상상력이랍시고 엉뚱한 발상으로 이어진 사색반경 때문이었고 그 당시 섭렵한 책들을 통해 형성되었다고 할 수 있다.

중등학교 시절 나는 단테의 『신곡』을 읽었는데 단테 자신의 주인공으로 나와서, 자신이 실제로 사모했던 여인인 베아트리체가 있는 천국으로 가는 여정을 그린 것으로 기억된다.

단테는 자신의 정신적 스승으로 존경하는 고대 로마의 시인 베르길리우스의 안내를 받아 천국으로 향하는 그 과정에서 지옥과 연옥을 거치면서 세계 4대성인의 하나인 소크라테스를 연옥에서 만나게 되는 역설스런 장면에서 당시 어린마음에도 소크라테스가 연옥에 있고 오직 베아트리체만 천국에 있는지 그게 궁금했었다.

고등학교 시절 나는 성경 다음으로 읽혀졌다는 존 번연의 「천로역경」을 접했는데 책제목 자체가 인생을 방황하는 순례자로 묘사되어 비교적 딱딱한 내용 일색이었지만 결국 교회에 대한 관심을 갖게 한 배경이 되었다.

존 번연은 국교회파의 박해로, 1660년 비밀집회 금지령 위반죄로 체포되어 12년간 감옥생활을 하였다. 가방끈이 짧은 이력에도 불구하고 자서전격인 『죄인 괴수에게 넘치는 은혜』(1666년)는 투옥생활 동안 겪은 그의 영혼의 고뇌와 고통을 기록한 책이라 지루하고도 고통스럽게 읽었던 기억이 있다.

나중에 안 사실이지만, 당시 내가 접했던 『천로역정』 1부가 1678년에, 2부가 1684년에 출간되면서 존 번연은 평생 60여 권의 책을 저술하였다 하니 글은 학력이 높아서 쓰는 것만은 아니구나 하고 생각 했었다.

존 번연이 집필한 모든 책에는 영혼을 경성시켜 회개케 하려는 저작 의도가 면면히 흐르고 있어 오늘날까지 크리스천들의 냉랭한 가슴에 영적 불을 지피는 불쏘시개 역할을 감당해오고 있다는 점은 익히 알려진 대로다.

대학 채플시간에 고정메뉴였던 사도 바울의 얘기는 이렇게 시작되었다.

교회의 역사는 성령께서 주도하시는 하나님의 역사이지만, 동시에 하나님께 부름을 받아 그 시대의 역사를 창조적으로 이끌어 나갔던 위대한 인물의 역사이도 하다는 것이다. 그래서 초대교회의 역사 기록인 사도행전에는 많은 인물들이 등장하고 있어 신약성경 가운데 유일한 역사 문서인 사도행전은, 책 제목 그대로 예수께서 승천하신 뒤 사도들이 성령의 인도를 받아 당시 세계의 중심이었던 로마에까지 복음을 전하는 과정이 들어 있는 게 특색.

잘 알려진 대로, 사도행전의 시작 부분은 베드로에 의해 주도되지만, 후반부의 중심인물은 사도 바울. 베드로는 예수께 직접 부름을 받은 제자단의 대표자였는데 비해 바울은 아무런 배경 없이 사도행전의 주역이 되었다. 그의 1차 2차 3차에 걸친 전도여행과 골육을 짜내는 아픔의 기록 신약을 횡단하는 기록에 있다 하겠다.

직계 예수의 제자가 아니었음에도 불구하고 바울의 역할은 베드로보다 더 중요하고 뛰어난 것으로 성경은 기록하고 있는데 그건 사도 바울의 시도한 전도 여행에서 비롯된다. 따라서 사도 바울을 빼놓고는 사도행전과 초대교회 역사를 생각할 수가 없을 정도로,

그의 존재와 가치는 절대적이다. 그것은 바울이 복음을 위하여 하나님께 특별하게 선택된 인물임을 보여준 증거다.

바울의 위대한 생애는 무엇에 근거를 두고 있는 것일까? 그는 위대한 인물이 될 요소를 갖고 태어난 것일까? 물론 그는 다른 사람들에게서 찾아보기 힘든 훌륭한 자질과 배경을 지니고 있었다.

그는 정통 신앙의 유대인으로서, 당시 최고 학자였던 가말리엘의 문하에서 철저하게 유대교 랍비 교육을 받았으며, 모든 일에 앞장서는 신앙적 열정마저 지니고 있었기 때문이리라.

한비야 에세이 「그건, 사랑이었네」에 이런 대목이 있다. '아프가니스탄 아이들이 독초를 먹으며 굶어 죽는 긴급구호 현장에서 먼지를 일으키고 지나가는 차를 보며 저게 다 밀가루였다면, 저 누렇게 마른 풀이 모두 고단백 비스킷이었으면 좋겠다고 생각했던 순간, 그 느낌을 그 자리에서 메모장…(중략)'

그렇다, 글은 육필이어야 하는데 과연 내가 여행이란 제목으로 글을 쓸 수 있겠는지 모르겠다. 그렇다면 과연 나는 여행이란 주제에 글을 올릴 수 있는 자격이 있을까하는 것이다.

그건 나로써 실질적으로 여행에 남다른 추억을 갖고 있지 않다는 것이고 가장 큰 이유 중 하나는 나이가 들어가면서 그렇게 개구쟁이였던 어린 날의 추억을 뒤로하고 고소공포증으로 누구보다 비행기 타기를 싫어하는데다 이제 고단한 육신으로 여행과는 거리가 자꾸만 멀어가는 쇠잔한 내 모습 때문이 아닐까?

죽음의 피아노 소나타 8번 '비창'

늦겨울 오후 청량한 들녘, 패색이 짙은 낙엽무리가 뒹굴고 있었다. 햇살은 마지막 열기를 다하려는 듯 마지막 손길을 여미고 이 해 마지막 계절의 잔정을 거둬들이고 있었다. 마른 풀냄새가 흙냄새에 섞여 매운 코를 자극하고 사라졌다.

아까부터 사내는 파라다이스 정원벤치에서 일어날 줄 모르고 있었다. 매우 초췌한 표정으로 줄기찬 담배연기를 겨울의 세찬바람에 날려 보내며 연방 주위를 두리번거리기도 했다. 이따금 무엇을 잃은 듯 아니 찾으려는 휘둘러보는 것 외에는 고정된 시선을 움직이지 않았다.

그런대로 그는 늦겨울 풍경의 한 부분을 이룬 정원의 석상 같은 모습을 이루기도 했다. 메마른 은행잎이, 그것도 마지막 잎새가 그의 어깨 위에 나부끼었다. 그는 비로소 정원을 벗어나며 떨어진

은행잎을 주워 책갈피에 끼고 있었다.

차라리 그는 봄의 환상을 원하고 있는지 모른다. 아니 뫼비우스의 적막한 오솔길을 생각하는 것일까. 의미 없는 것은 쉽게 피어나지 않는다는 것을, 사랑의 열병을 앓는 청춘의 슬픔도 회의와 고뇌의 아픔도 'such in life'라고 피터는 외치지 않았던가.

고적한 고독감마저 서려있는 그에게서 지독히도 세찬 파도를 연상하다니… 마치 아무에게도 나누어 주고 싶지 않은 것을 가슴에 감춰두고 있지 않았던가. 그가 무슨 결심을 하기라도 했는지 옷깃을 여미고 내게로 다가 왔다.

"저… 얘기를 좀 해도 될까요?" 나는 가느다랗게 실눈을 뜨고 부신 듯 올려다보았다. 순간 나무와 작은 물방울이 맺어진 촉촉한 성에가 응결된 석상을 보는 듯했다. 언어와 행동의 낙엽이 떨어진 들녘, 아무도 그를 사랑해 주지 않고 아무도 그가 사랑할 수 없는 낯선 제주의 땅, 알베르 카뮈의 이방인의 땅에서 그는 뫼르소가 되어 있는지도 모른다.

그러나 실존은 본질에 선행한다. 사르트르는 결코 오류하지 않았다. 비정한 현실은 얼어붙은 대지 위에 pour-soi로서 그저 그곳에 실존하고 있을 뿐이다. 어느 순간 그의 방황은 시작되었는지 모른다. 아니 시작이 아니라 피로한 나래를 종착역에서 접고 있는 것일까.

춥다. 너무 추워왔다. 그가 코트 깃을 올리고 있었다. 그는 마치 자신의 마지막 체온을 지키려고 하는 몸부림 같이 세찬 바람에 마주 서 있는 것이다. 그는 공허하게 웃는 듯했다. 아! 그 완벽한 소리 없는 미소의 함축성. 난 신금처럼 가슴의 무한한 감동으로 설렘을 느끼고 있었다. 그때 내 앞에 펼쳐져있던 망망한 대해 그것도 싸늘한 검은 물결이 일렁이는 수평을 본 것 같았다.

파도소리와 물새소리만이 겨울밤의 정적을 깨뜨리고 있었을까. 누군가가 베토벤의 피아노 소나타 8번 '비창'을 치고 있었다. 사랑스럽고 쾌활한 속도로 시작되어 일렁이는 파도와 하모니를 이루다 코다로 끝나는 곡을 우리는 같은 순간 같은 느낌으로 듣고 있었다.

세찬 겨울바람이 내 머리와 내 치마를 방황처럼 날리게 하고 있었다. 그의 머리칼도 그의 석고 같은 얼굴도 비에 젖어 가고 있었다. 이를 두고 우린 슬픔이 이런 것이라 정의 하겠지. 겨울비가 오면, 그 궂은 날씨에 떠나야 하는 사실을 남긴 채….

나의 눈동자가 그의 까만 몸체에 고정되고 있었다. 나의 눈은 그의 메마른 어깨 너머로 흔들렸다. 그는 차라리 봄의 환상을 원했는지 모른다. 아니 뫼비우스의 적막한 오솔길을 더듬었는지 모른다.

그가 무슨 결심을 하기라도 했는지 옷깃을 여미고 쫓기기라도 한 표정으로 "저… 무엇인가를 해야겠군요?" 나는 여느 늦가을 일렁이는 파도와 부신 듯한 겨울 태양의 열기를 느끼며 가슴으로 안기고 있었다.

누가 먼저라고 약속이나 하듯 어둡고 무성한 숲을 거닐고 있었다. 우리는 침울 하리만치 무성한 숲을 거닐고 있었다. 아니 깊은 바다 밑을 더듬었는지 모르겠다. 정녕 둘이서 걷고 있다는 사실 하나만은 분명했다.

그리고 행복했었다는 사실이…. "숲이 매우 좋군요." 고뇌어린 저음이었다. "네, 아주…." 떨리는 메조소프라노였다. 둘은 서로 무슨 이야기를 하고 있는지 몰랐다. 그러나 우리는 기쁨으로 가득 찬 충만한 가슴으로 시간가는 줄 몰랐다. 우리가 걷고 있는 옆으로 물새들이 날고 있었다.

끝없는 모래밭에는 아무도 없었다. 우린 한 동안 말없이 모래밭을 걸었다. 가슴의 무한한 감동으로 설렘을 느끼고 있었을 뿐 아무 소리도 들리지 않았다.

그때 내 앞에 펼쳐있던 망망한 대해, 그것도 싸늘한 검푸른 물결이 일렁이는 수평을 본 것 같았다.

그는 가만히 내 좁은 어깨를 감싸 주었다. 그의 입술이 촉촉이 다가왔다.

나의 눈동자가 그의 까만 눈앞에 헤매고 있었다. 나의 눈에도 그의 눈에도 눈물이 흘러 내렸다. "우린 영원히 만날 수 없어." 그가 침통히 공포처럼 속삭였다. "당신은 누구예요." 내가 조이는 목에 압박을 느끼며 묻고 있었다. 아! 그러나 그 이상 아무 말도 할 수 없었다. 그의 거친 입술이 나의 말을 막고 있었고 나는 무수한 갈등의 늪 속으로 떨어져 꼼짝 할 수 없었다.

나는 천길 모래성 밑으로 무너져 내리는 가냘픈 육신을 느끼며 영원히 묻히고 있었다. 비는 더욱 세차게 내리고 파도가 목덜미까지 차오고 있었다. 그는 아무 곳에도 없었다. 죽음의 소나타 피아노 8번 '비창' 베토벤의 곡이 격양되게 울리고 있었다.

3.

피어라, 꽃들

피어라! 꽃들

- 이재인 정치인을 위한 제언 -

1

이제는 피를 토하듯 절규하는 사람들의 말하는
정치인이 아니라 원망도 설음도 다 풀어버린
봄바람에 꽃비가 자욱하던 그 시기 큰 눈으로
세상을 보듬는 여인 천하가 되었으면 좋겠다.

- 지금부터 피어라, 꽃들에 대한 느낌을 열도록
하겠다. -

오늘은 제가 좋아하는 시 하나를 리메이크하며 시작할게요.

괴테의 「연인의 곁」이라는 시인데 영화 클래식에도 나왔다지요.

여명을 여는 화곡역 3번 출구
나는 피어라, 꽃들!

세상은 언제나 선택의 순간을 준다며
주먹을 불끈 쥔 꽃눈을 만났다.

칠삭둥이 미생의 꿈을 기르는
외유내강 표상처럼 일어선 한 여인
이야기의 힘을 통해 '이서초등학교 2년'
그 시경부터 누군가에 의해 점지되었는지
모른다.

여린 소녀가 서울, 낯설고 막막했던
도심의 회색공간을 오가며 장장 통학길
나는 그대를 아주 옛날 보고 스쳤는지
모른다.

이 나라 정치의 본산에 뿌리 두고 이병태-
이정희- 이재인 이 무슨 예비한 길인가?

연희. 첫 터닝포인트 했듯이 이제는 이재인
이었으면 이 나라는 한에서 해당되고 따뜻한
나라가 되지 않을까?

사회의 물결이 거칠게 출렁일 때 민우회를 거쳐
청와대 여성정치가 다운 경륜을 쌓았다는 그녀 !
그대 목소리 들었던 듯싶다.

모두가 의식치 못하고 방심할 때
루소의 에밀에서 영향을 받은 자신의 신념을
피력하고 말사스의 인구론을 역설했으며 사회학의 대부
막스 베버의 이론 갈파한 사범계열에서 사회계열로 통한
집념의 화신 - 나는 잔다크를 연상했다.

2016. 2. 17. PM

2

읽어갈수록 산골짜기를 흐르듯 은은했던 물줄기가 바위를 만나
소용돌이치는 것처럼 급유로 변하는 피어라! 꽃들.

나는 까닭모를 전율로 한 여인의 교정외침을 들었다.

정치의 봄은 그렇게 피고 지고 있었지만, 자신의 얘기를
시대에 대비하며 읊조린 여인의 심장 소리를 듣는다는
자체가 숨찬 노릇이 아닐 수 없다.

익히 알려진 심상정. 김부겸. 그녀가 정치 선배로 지칭한
이름 석 자, 도도히 그녀 글속에 실은 것까지는 그냥 넘기자 -
나는 그 역사의 반대편에 있었으니깐 ?

이게 뭔가 그 이! 괴테의 마리엔바트의 비가처럼
애절함이 묻어나는 대목에서 은근히 질투를 불러온 건
무슨 심사란 말인가?

칠순을 훨씬 넘긴 1823년
괴테는 다시 한 번 사랑을 불태웠다는데 -

마리엔바트에서 만난 19살의 울리케 폰 레베초프
문학의 대사상가 괴테 생애의 화려한 그 주인공이었다면,
이재인은 당면한 이 시대의 연인인지 모른다.

사랑하자! 연인을 사랑하자
그녀의 도도한 입술로 부르짖는 절규를….

괴테의 연인 중 가장 인상에 강렬히 남은 여인!
뭔가 형용할 수 없는 아우라가 느껴진다고 할까?
아름답다기보다 매력적인 용모인 것.

그렇다. 피어라! 꽃들, 이재인.

2016. 2. 19. PM

3

악마에게 영혼을 담보할 만큼 담대했던 파우스트. 그는 엄청난 지식을 쌓고 치열한 노력으로도 결코 만족하거나 행복할 수 없었다.

허탈해진 그는 향락에 몸을 던져보았지만 무거운 죄의식과 고통 때문에 괴로워했다. 그러나 그는 아무리 암울한 상황에서도 결코 좌절하지 않는, 선을 향한 몸짓을 멈추지 않았다.

피어라, 꽃들! '세상은 언제나 선택의 순간을 준다.' '졸업, 10대의 마지막 액세서리'의 잔잔한 감동을 뛰어넘고 '그 뜨거웠던 여름의 일'에서 자신의 삶의 둥지를 외면하고 세상을 등진 애들 아빠 대신 품은 세상일을 왜 파우스트로 떠올렸을까?

파우스트의 작품은 잘 알려진 대로, 악의 유혹으로부터 초월해질 수 없는 인간본성을, 그러면서도 악으로부터 벗어나려 몸부림치는 인간 고뇌를 처절하게 그리고 있다.

괴테는 인간 내면에 선악구도를 배치하면서도 파우스트의 영혼을 구원하였으니, 종국에는 선의 승리로 그렸다면, 이재인은 세상을 선의 미완으로 보고 있다는 점이고 그것은 진행형이라고 진단을 하는 것 같다.

'모든 독일 작가들 중에서 괴테야말로 내가 깊이 빚졌다고 느끼는 작가다.' 헤르만 헤세가 우울하게 토했고 '단순함에서 훌륭한 내용으로 발전함에 있어 우리는 괴테를 뛰어넘을 수 없다.' 프리드리히 니체가 고백한 파우스트이지만, 피어라! 꽃들은 모든 가능과 도전을 함축하고 있는 언어가 아닌가 생각된다.

토마스 만의 지적한 것처럼 피어라! 꽃들은 이 나라 사회가 안고 있는 제반 문제를 한 여성의 기획하고 이를 몸소 실천하려는 몸부림. 그래서 그녀는 촉매자이고 타부시화 해온 편향된 사회의 시선을 잔잔하게… 아주 편하게 중계하는 것 같다.

2016. 02. 22. PM

4

피어라! 꽃들의 지금까지 무대는 괴테였지만 님은 강서에서 강남으로 새바람 여풍으로 도전장을 낸 이상. 사색일변도로 본 장을 엮을 수 없음을 통감하며 이제 '만인에 대한 만인의 투쟁'을 역설한 토마스 홉스의 리비아단을 빌리기로 하겠다.

원래 민주주의란 것이 화장터, 쓰레기 소각장 등이 만들어질 때마다 마을에서 큰 싸움을 하는 것과 같고 또 그 모습에서 정치를 떠올리게 된다. 그래서 어떤 정치평론가는 '민주주의는 쓰레기 속에 피어난다'라고 했다지 않는가?

토마스 홉스 자신 모친의 배 속에서 생긴 일. 당시 스페인의 무적함대 포성에 놀라 태어난 미숙아였다니 이재인과 태생적으로 같다는 생각이 들어 본장에 인용하는 센스도 필자의 재치이지만, 비교적 타고난 재능을 요소마다 시기, 절기마다 실력 발휘한 여제에 대한 일종의 경외감도 없는 것이 아니다.

개인적인 아픔의 세월을 훌훌 털어 버리고 전공을 살려 전문가로 정책방향을 틀어잡는 당찬 모습에서 서태지나 측천무후를 연상하는 것은 남자들이 감당치 못할 때 쓰는 표현이지만, 하여튼 대단한 내공이라 생각되고 그저 그녀가 엘리트 총 집결이라 할 수 있는 이곳 강서에서 강남으로 캠프를 설치하는 이유를 알 것 같다.

정책통 행정관에서 공직생활의 하이라이트를 거쳐 여성 새로 일하기 센터로 페달 없는 질주가 어느덧 여성과 보육. 그 끝없는 과제들의 현장에 뛰어 들었다지 않은가?

서두에 꺼낸 쓰레기장 속에서 피어라! 꽃들. 민주주의 꽃이… 그 언젠가 영국 가디언지가 '한국에서 민주주의가 피어난다는 것은 쓰레기통에서 장미가 피어나는 것'이란 혹평을 뒤로 하고 말이다.

2016. 2. 23. PM

5

이재인은 대한민국, 누구를 위한 나라인가? 그리고 자신의 '나는 왜 인구전도사가 되려고 하는가?'에서 말사스의 인구론를 뒤집는 역설을 제시하기도 하였다.

세상을 바꾸는 힘. 리더의 자격부터, 반드시 바꿔야할 정치 구도까지 숨 가쁜 필력으로 달리는 동안 난, 무임승차하는 행운을 잡은 객처럼, 때론 한숨을, 때론 흥분을, 그래서 행복했었음을 고백한다.

이재인은 전체적으로 좌우 진영과 권력핵심, 성역을 두지 않은 날선 비판과 연민을 토해내 내가 발 딛고 있는 이 땅에도 희망이 있음을 확인케 하였던 것이다.

청명한 시선으로 머물었다는 국가 주요 요직에서 몸담고 지낸 동안 주요 정치 현안 및 사회적 사건에 대한 정론직필 자체는 사서삼경의 『대학』에서 등장하는 '心不在焉이면 視而不見'이라는 말을 되새기게 하였다.

그렇다. '이 나라 주인은 진정 누구인가?'를 준엄하게 물으며 참된 리더십의 핵심이 무엇인지를 되묻게 하였던 그녀다. 이 나라를 이끌 차세대는 한으로 시작하여 한으로 끝나는 정치가 아닌 참된 변화와 개혁을 주도되는 정치. 한국 정치의 오늘과 미래를 조망하는 인물. 그리고 비전을 제시하고 이에 국민은 그 답을 표로 화답하는 나라에서 살고 싶다. 2016. 03. 10. PM

정치판의 막장드라마

요즘 꽤나 인기를 끌고 있는 모 방송사 TV프로그램 '복면가왕'이라는 것이 있다.

잘 알려진 대로 일요일 저녁 예능 프로그램이지만, 나는 요즘 정치판을 보며 이상하게 오버랩(Over Lap)되는 정치판과 복면가왕의 중첩성에 일말의 비애를 감당할 수 없다.

가수나 배우는 연출 자체가 개그이든 연기이든 봐 줄 수 있지만, 저들(정치인) 속성이 어쩌면 막가는 듯하여 씁쓸하고 뒷맛이 개운치 않는 사실에 민주주의 소중한 깨끗한 표(?)를 휴지통에 넣고 싶은 충동을 금할 수 없다.

하지만 복면가왕은 예상치 못한 인물의 등장에서 출현에 이르기까지 노래실력이나 퍼포먼스를 동반하여 긴장감 또는 절묘한 흥분을 자아내게 하고 승패와 관계없이 최선을 다하는 모습과 깨끗한 승복이 매력적 요소이다. 정치판은 그○이 그○인데다 그것도 국민의 혈세 위에 선택된 엘리트라는 작자들이란데 절망하지 않을 수 없기 때문이다.

좀 더 구체적으로 두 장면을 들여다보면, 승패와 관계없이 최선을 다하는 모습과 깨끗한 승복이라는 프로그램의 매력인데 비해 정당의 '막장드라마'가 연출한 공천파동은 민낯이 드러낸 우리가 뽑은 자들의 모습에 대한 자괴감으로 하여 대한민국에 살고 있는 자체가 부끄러울 정도이다.

복면가왕은 '편견과 고정관념을 버리자'는 모토인데 반해 정치판의 가왕은 처음부터 편견과 선입견, 편 가르기에 급급한 막장드라마로 우리의 실소를 자아내게 했다.

그렇다. 우리 편과 네 편을 가려내는 데만 관심이 있었으니 이른바 흙 속에 진주가 등장할 무대는 애당초 존재치 않았는지 모른다.

이성과 양식을 휩쓸고 지난 정치판의 막장드라마! 공정함과 더 더욱 거리가 멀었던 특정인들의 연출 공간.

독과점 정당의 무감각과 약자의 경제적 박탈감이 결합되면 분노의 정치가 정당을 초토화 시키고 이성과 양식을 휩쓸어 버릴 것이라는 정치 평론가들 나름의 난세를 분석하고 있지만, 4월 13일을 맞는 국민의 마음은 역시 암울하고 잔인함 자체다.

시인 TS 엘리엇이 '4월은 잔인한 달'이라는 말은 죽은 땅에서 라일락을 피어내고 잠든 뿌리를 봄비가 내릴 때 쓴 황무지라는 명시지만, 그건 차라리 겨울은 따뜻했다며 망각의 눈으로 대지를 덮고 마른 뿌리로 가냘픈 생명을 키워낼 때만이 가능한 것이지 우리의 막장드라마 정치는 소망을 갖는 자체가 난센스인지 모른다.

화석화되어 버린 기성 정당들이 담합구조 시나리오 구조 속에 갇혀 국민만이 새드무비를 감상해야 하는 심정이라 할까.

더구나 보라, 막장드라마 정치판은 지금도 쇼는 아직 끝나지 않았다며 당장 잡아먹을 듯 등지던 자가 언제 그랬느냐며 부둥켜안으며 '우리는 하나'라며 표를 달라 하는데 차마 이건 눈 뜨고는 못 봐주는 감동을 선사하고 있으니 윈스턴 처칠의 '모든 나라의 국민은 그 나라 수준에 맞는 정치인을 갖는다'는 말을 수정해야 될 것 같다.

이제 정치가 답답하다고 느끼는 사람이 많은 가운데 총선이 끝났음에도 '사드 난맥상'에 이어 난파선 위 '진흙탕 계파싸움'으로 정국이 표류하고 있다. 누군가가 권력과 금력이 사랑하면 막장드라마를 찍게 된다는 푸념이 현실화 되어가고 있는 것이다.

권력욕으로 자기만의 안위와 야망을 꿈꾸는 기성 정치인과 달리 빈부격차로 소외된 사람들. 이들의 권익을 대변하고 증진시킬 수 있는 역할은 영원히 기대할 수 없는 것인가? 세상이 미쳤다. 정치 막장드라마가 이대로는 안 된다.

민주주의 가치와 원칙을 세우고 아픈 사회의 곪은 상처를 도려내는 새로운 정치의 시나리오가 필요한 시점이다. 정당 내에서 민주주의 절차를 무시하고 폭력을 사용하는 것은 어떤 이유로든 합리화될 수 없다. 작금의 혼미정국은 그 어느 정당도 국민의 민생과는 거리가 먼 것처럼 보인다.

진보세력은 억압, 착취, 차별에 저항하는 세력이 아니라 권력을 잡기 위해서는 수단과 방법을 가리지 않는 몰상식한 집단, 민주주의를 파괴하는 괴물로 각인된 지 오래다.

시대 변화에 적응하지 못한 진보세력은 국민 속에서 자랄 수 없다. 지금까지 진보세력은 선동, 폭력만 있을 뿐이지 타협과 공존 같은 공동체적 가치, 절차적 민주주의의 가치를 내팽개쳤기 때문이리라.

역사 속에 '나는 떳떳한 정치인'이었다고 자랑스럽게 말 할 수 있는 사람이 몇이나 있겠는가? 그리고 나는 정치판의 막장드라마의 배역을 맡지 않겠다며 과감히 금배지를 떼고 한강에 던질 용기 있는 정치인이 그립다.

법조계의 막장드라마

거대한 권력집단의 음모에 가족과 인생을 빼앗긴 한 남자의 복수극. 철옹성과도 같은 베일에 싸인 특권층들의 추악한 민낯과 진흙탕에서도 꽃망울을 터뜨리는 아름다운 사랑 이야기를 그린 드라마가 안방극장을 달구었다. 필자는 몬스터라는 주제가 은유하는 괴물이야기를 하려는 것이 아니다. 성경 욥기 41장에서 묘사하고 있는 마귀의 존재로서 '레비아탄'이라고 불릴 만한 법조계의 막장드라마를 쓰려고 하고 있는 것이다.

막장드라마로부터 전이(傳移)된 우리 사회의 도덕불감증과 막가파적 사회현상! 미래 세대의 장래를 위해 특히 모범적이어야 할 사회 고위층인 법조계 중심인물들이 오히려 앞장서 온갖 비리와 연루되어 급기야 치유불가한 정도로까지 만연되어 버린 사회상, 이들의 막장 언어와 악마적 행태는 국기마저 망가뜨리고 있는 것이다.

상식 이하의 극적 구성을 두고 막장드라마라고 하여 왔는데 그런 부도덕 극치가 작금에 꼬리를 물고 있으니 이는 실제 상황을 고발하는 '다큐멘터리' 같다고 해도 과언이 아닐 듯싶다.

최근 정치계를 뒤흔든 사건을 편성한 듯 조직마저 자괴감에 빠지게 하여 우리나라 전 요소가 깊게 썩이 들이킨 듯하고 법조계의 민낯은 막장이란 말로도 부족한 듯하다. 그들은 국가고시 패스 자체로 엄청난 권력을 부여받고 사회적 명예와 예우를 받으며 돈을 버는 사람의 부류로까지 인정되어온 것이 사실이다. 그러나 그들이 젊은 시절부터 고시 패스의 의도 자체가 불순했거나 오만과 유아독존의 태도로 이 사회를 농간하려고 했거나 전공을 부의 축적에 악용하려고 한 것은 아니었을 것이다.

문제는 이들에게도 퇴임은 있으나 실질적으로 퇴임과 동시에 또 다른 영전을 한다는 전관예우라는 제2의 황금기가 열린다는 합법을 위장한 모순적 구조 때문에 있다. 이 전관예우는 돈과 직결되는 역할로서 '악역'을 수행해온 것이 사실이고 이를 묵시적으로 통용되어온 공공연한 비밀이다. 자신의 영혼마저 악마에게 팔아버린 파우스트처럼 국민이 원치 않는 '공공의 적' '악의 축'으로 정년없이 보낸다는 특정계층이 이들이란 점이다.

극히 정상적인 공직자로 정년까지 조직에 봉사하면서 수입이라고는 봉급밖에 없는 '정상적 청렴상'으로 한 시대를 국가와 민족

앞에 바쳐온 사람들과는 전혀 다른 별나라 사람들! 이들은 칼만 안 든 도둑질을 일삼아온 악행의 화신처럼 평생 검은 부를 축적하는 그룹으로 편성되어 있다. 이런 묵시적 전매특허를 부여 받은 계층을 속칭 일등 신랑감이라 하였고 스스럼없이 막장드라마 연출에 캐스팅 되는 수순을 밟게 되는 것이리라.

왜 이 사회는 그런 못된 고시출신자를 선호하고 출세를 하도록 요직이란 코스를 만들어 놓았는지 모르겠다. 이들은 자기끼리 요직이라는 요직은 서로 독식하고 장악하여 왔다. 유능한 사람이 고시 합격자 말고도 각계에 많이 있음에도 현재 우리나라에 높은 직위에 올라간 일부 사람은 그 능력보다는 타협, 권모술수, 아첨, 갖다 바치는 것에 익숙한 사람들로 채워져 있으니 말이다.

아무리 일부 공무원의 문제라고 하지만 그 일부조차도 적은 수가 아니고 그 규모와 천문학적 부당금액에 선량한 국민들은 배신감으로 사회를 원망하고 정권에 분노하기에 이르렀다. 아직도 우리의 선진화는 요원한 듯, 하루걸러 터지는 법조비위 공직자들이 연출하는 막장드라마를 얼마나 더 지켜보아야 할 것인지? 이래서는 더 이상 국가발전은 기대할 수 없고 현대판 매관매직, 옮겨가기, 낙하산 인사가 판치는 사회적 시스템은 근본적으로 수정이 불가피해졌다. 부패가 제도화 돼버린 기막힌 막장드라마 국가 요직의 주인공들! 법피아라는 신조어를 만든 비뚤어진 엘리트들!

'전관예우'에서부터 '사법 엘리트들의 인질극·사기극' 분석까지 법조계 뿌리 깊은 병폐를 드러낸 '법피아 100억 돈 잔치' 사태의 민낯을 어떻게 설명해야 할까? 검사와 판사가 범죄자를 구속해 잡아놓고, 재야 법조인인 전관 변호사들이 범죄자의 석방을 미끼로 막대한 몸값을 받아내는 법조 메커니즘은 수사와 재판을 한 검사와 판사들도 옷을 벗으면 이런 형태로 변질되어 왔기 때문이다.

김○주 넥슨 창업자는 물론, 이제 우○우 청와대 민정수석까지 의혹에 휘말리면서 '3인조' 뇌물수수 사건으로 비화된 사건을 바라보면서 지난 3월 25일 고위공직자 재산이 공개되고 진0준 검사장의 재산이 156억 원으로 법조 공무원 중 1위라는 사실과 결국 구속에 이르기까지 국민적 공분을 자아낸 대형 사건이 법조계 막장드라마 총결산이 되고 말았다.

TV막장드라마에는 정의가 살아 있어 악역들은 꼭 처참히 징벌되어 시청자를 통쾌하게 만들고 그 통쾌함 때문에 막장드라마가 인기일 정도로 국민은 '권선징악'이 실천되는 정의사회를 간절히 원하고 있다.

악역이 쉽게 용서받고 잊혀지는 막장드라마로써는 시청률을 기대할 수 없다.

지과필개(知過必改), 올바른 인재의 대폭 기용으로 부정부패를 일소하는 대개혁이 지금이야말로 꼭 필요한 때인 것이다.

출사모

'출사모'는 출입국사랑모임이란 약칭의 이른바 법무부 출입국사무소 업무를 대행하는 행정사(일부 변호사 포함)들이 주축된 일군의 친목단체이다.

출입국 업무는 그 전문성의 다양하고 변화무쌍하여 민원대행하는 행정사와 출입국 일선 직원들 간 상대를 인정해야 하는 전제가 필요한 시점에 탄생하였다.

'출사모'는 행정사로서 출입국 업무를 대행하는 이른바 법무부 출입국 출입증이 있는 회원들로 구성되었는 바 일종의 '바이마르 헌법'을 연상케 하는 강성 정관대로 그 어떤 모임보다 회원들의 행정사, 변호사, 탤런트 등 사회성 있는 칼라가 다양한 점이 특징이다.

우선 '출사모'의 정체성은 사회학이 대부 막스 베버의 카파시티(Capacity)이론에 따라 '사모'에 대한 이른바 종래 '사모'와는 달리

'출사모'는 국가 기관을 사모의 대상으로 하고 있다.

'출사모'의 카리스마로는 마침 영웅이 필요한 시대에 출현하여 1,800만 명의 관객을 동원한 '명량' 이순신이 "신에게는 12척이 있나이다." 대사를 빌어 '출사모'의 7인 발기인과 5개 분과위원장을 빗대어 12명 구성멤버(기획분과 이계동 행정사, 관리분과 유해열 행정사, 운영분과 이강언 행정사, 대내외분과 이재덕 소장, 재난분과 조명형 소장, 소송분과 김진 변호사)로 기획과 인맥관리에 빼어난 모사, 한 번 해병이면 영원한 해병의 의리통, 공항만 수문장 출신기관장, 35년 교정행정의 전문기관장, 국내 유수한 S대 출신 변호사 등이 결속을 다지고 있다.

출사모의 최대의 강점은 회원들의 역량임을 중시, 한 번은 임동호 부회장을 지목, 첼로의 거장 파블로 칼자스는 90이 훨씬 넘은 나이에도 매일 6시간 이상 연습 하는 모습을 지켜본 한 기자의 질문에 "I'm still improving everyday."라 했다는데 "임부회장님, 매일 성장하고 있지요." 하여 사기를 올려드리고 이해남 부회장에게도 레이건의 재선 TV 토론에서 상대방 먼데일 후보로부터 73세에 재선하기에는 너무 늙었지 않은가라는 공격을 받게 되자 "나는 상대의 젊음과 무경험을 부당하게 사용하고 싶지 않소."라고 예봉을 절묘하게 피해 재선에 성공 하였듯이 "이부회장님도 도전하고 계시죠."라고 하는 등 야성에 불을 지피기까지 했었다.

2015년 을미년은 12지 양띠해라 이성계가 양(염소)의 양(羊) 뿔을 잡고 씨름하다 보니 양뿔과 꼬리가 떨어져 나가더라는 꿈을 무학대사를 찾아 해몽을 부탁하였더니 임금이 될 길몽이다. 라고 하여 조선이 건국되었다는 일화를 빗대어 역성혁명의 주역 정도전을 들어 정재식 총무가 이 모임의 주역으로 갈파한 '물고기는 물속에 살아야 생명력을 얻고 나무는 땅에 뿌리를 내려야 열매를 맺는다'를 초심으로 삼고 있음을 분명히 했다.

출사모의 최대의 장점은 각자의 경륜과 사회성을 갖추고 있다는 점이다. 나는 출사모의 기존멤버들이 발자취를 계승할 신예들(행정사 자격시험합격자들 중 행정사 자격론에 독수리파 거두 지창근, 흑백 논리의 면도날 김영성, 행정사의 만능론 제창의 정재우. **必死則生, 必生則死** 박성필, 열린행정은 꽃씨 뿌리듯 나선영)을 모임에 영입시켜 차세대를 준비하는 일변, 조직 위상을 위해 서울남부, 중앙 등 부장판사 역임 최승록 변호사를 고문으로 추대하였다.

한편, 이민행정의 달인 안수경 여사는 날렵한 체형이 독특한 매력을 풍기며 본회의 주력인 외국인 동포 체류관련 쌍벽을 이루는 효심 깊은 최인숙 여사, 여성특화의 사회적 가치를 강조하는 옥기순 여사와 더불어 여성군단이 옵저버로 포진되었는 바 소위 여성특위가 구성됨으로써 새로운 차원의 귀추가 주목시 되는 가운데 여타 조직과 차별화된 출사표를 천명케 되었던 것이다.

최대의 화두는 회원들의 건강에 초점을 맞추고 '마이내과' 단국대 의과대학 수석 의학과 내과 수석 졸업한 임윤선 원장, 동대학

의학과 흉부외과 전문의 김혜원 원장이 이끄는 '마이내과' 및 맑은 치과의 김민성 원장과 MOU를 체결하고 한국주례협회(이명용 교수)와도 회원들의 주례주선에 협조체제를 구축하여 놓았다. 이 교수(시인)는 특히 탤런트인 김영웅 행정사에 관심을 보여 출사모가 한 계단 상승된 위상을 확인하기도 했다.

이렇듯 출사모는 정책발굴에 일가견 있는 김재준 행정사, 행정부서 다년간 경륜을 쌓았다는 전경남, 이노성 행정사, 학사 대령 출신 최영작 행정사, 임플란트로 치아건강을 위해 사위까지 투입한 이계채 행정사, 자기 관리와 절제로 소문난 허영기 행정사, 노무사 출신 김영선 행정사, 신뢰 이민행정 주상진 행정사, 다문화 이민행정의 기수 김종명 행정사, 다년간 외사통으로 출입국업무 소통의 일번지화를 부르짖는 이영진 행정사. 외국인 체류 소망이 최고라는 김문남 행정사, 나부터 신용 다함께 친절을 표방한 정행영 행정사, 출입국 OB출신 서동근 행정사, 모임에 빠질 수 없다며 막차 탄 김재용 행정사, 직업윤리 시장경제를 제창한 문매재 행정사, 번역과 공증의 대부 정철화 행정사, 이민행정 송무담당 R/C 법률사무소 박동훈 변호사 및 강유훈 사무장 등 이들은 전부 기라성 같은 행정사와 변호사가 주축이 된 회원들로써 어느 한 분 치우침이 없다. 나는 회장으로써 회원들의 가지고 있는 최적의 역량과 그 사회적 가치를 최대로 활용해 회원들의 역량을 집대성화 할 계획이다.

국사모

亡靈의 書인가! 惡靈의 書인가!

'인종차별 부추길 우려가 크다'며 등장한 히틀러 자서전이 70년 만에 재출간 되어 독일 사회의 뜨거운 반향을 일으켰다. 일부 식자(識者)들이 히틀러의 「나의 투쟁」에 열광하는 즈음에, 이전 '출사모'가 '국사모'로 명칭을 변경하게 되었다.

「나의 투쟁」이 이상 열기를 불러일으키고 있다면 우리 출사모가 '국사모'로 급선회 하며 사회전면에 나설 것을 선언하는 등 궤(軌)를 같이 하고 있다는 점은 우연이었을까?

나치 히틀러의 최후 수족이었던 「루돌프 헤스」는 제3제국 부총통으로 당과 제국의 공식적 2인자. 그가 히틀러의 카리스마에 홀딱 반해 일생을 바쳤던 것처럼 국사모의 수석부회장 임동호 행정사도 조용한 그림자로 소임을 다짐하고 있는 등 그와 유사한 분위기를 갖고 있다.

유명한 '뮌헨폭동'이라 불리는 쿠데타로 히틀러가 5년 형(8개월 복역)을 선고 받고 수감동안 헤스는 도주에 성공 했지만 히틀러의 옥중 수발을 들기 위해 자수(18개월 형)해 옆 감방에서 「나의 투쟁(Mein Kampf)」 집필을 도운 이야기는 임부회장의 헌신적 그림자와 절묘하게 오버랩(overlap)되는 요소이다.

그 어떤 시대 상황이든 주요한 인물이 부침하기 마련인데 이른바 국가를 사랑하는 모임 '국사모'라는 조직의 형성과 발달과정을 음미해 보면 당시 천하를 3분했던 삼국지에 등장하는 인물, 초한지의 등장한 책사와 명장들을 통해 손자병법의 전략전술을 보는 듯하다. '국사모'라는 용광로에 그 인물들의 면면을 총체적으로 집대성한 듯 벅차오르는 느낌을 지울 수 없다.

조조의 막료가운데 군계일학(群鷄一鶴)으로 인품과 경륜을 갖춘 명재상 순욱(국사모의 정책특위 정철근 박사)은 연세대학 법무대학원 총동창회장을 역임하면서도 유독 본회의 이론가로 현세를 춘추전국시대 상황이라며 이를 날카롭게 분석하고 향후 대통합의 설계를 조망하고 있는 인물이다.

우리는 삼국지의 최종승자라 할 수 있는 사마의(기수장 김영규 법무국장)를 천하를 삼킨 야심가로 기억한다. 본 회원들이 여타 회원조직성원들 보다 과거 경륜이 높다는 관록을 의식하고 회원각자가 '과거의 계급장을 떼고 백지에서 출발하자'며 일성을 토한 그가 결국 특위위원회를 주도 '국사모' 기수의 닻을 손자병법 36계중 제1단계 승전계(勝戰計)로 펼치고 있는 것이리라….

실용적 사고를 가진 원칙주의자 한신 격, 이상영 노무사는 고려대 출신으로 가입하자마자 최정예 번개팀에 발탁된 인물이다. 한고조를 옹립한 최대 인물 한신 역을 해낼지 두고 볼 기대주인 셈이다.

목숨을 걸고 신의를 지킨 맹장 관우(김길태 법무, 행정사)는 『삼국지 연의』에서 뿐만 아니라 중국인들이 가장 좋아하는 인물. 신으로 까지 숭상되는 인물로 그의 과거 법무부 및 검찰을 오간 경력의 응변하듯 '국사모'의 진로와 그의 과거 경력과 역할을 기대하며 '국사모' 행정사총연합회 부회장으로 추대됐으니 귀추가 주목된다.

하면 된다를 보여준 만성형맹장 여몽(권희정 토지행정사)은 삼국지에서 관우의 수급(首級)을 손권에 바친 인물로 '국사모'의 미래상인 연수원까지 거론하면서 상임이사로 추대되어 실물경제를 가열차게 전개할 뜻을 내비친 부동산 대가인 그는 '국사모'의 푸른 청사진으로 어떤 조감도를 그려낼지!

직언을 서슴지 않은 행정가 장소가 오나라를 수성하는데 불세출의 재상이었다면 법무법인 심재문 소장은 회계공무원 출신으로 각국 사증업무를 수십 년 취급해 온 인물로 본회의 몸통인 운영특위위원장을 맡고 있다.

일편단심 주군을 모시고 대통을 잇기까지 지모와 용맹을 겸비한 산상의 호랑이 조운- 홍보특위 총무간사 서제진 법무, 행정사는 타고난 친화력과 다년간의 수사관의 몸동작으로 '국사모'의 존재감을 가멸차게 전개하고 있다.

한고조의 최대 모사 장자방(정보특위 정호군실장)과 삼국지 제갈공명은 우열을 가릴 수 없는 책사이다. 장자방이 한고조를 세우고 숙청이 두려워 초야에 묻혀 천수를 누린 피보였다면 제갈량(신현종 정보처장)은 최후까지 그 유명한 12진법을 구사한 전략전술의 대명사가 아니었던가? 신대령은 군역 동안 유감없이 핵심정보처장으로써 소임을 다해 군사학의 교과서적 인물로 알려 졌다. 그런 그가 '국사모'의 비장의 무기로 포진되었으니 그의 전략과 전술이 기대된다.

조직의 발전은 신예들의 젊은 피(행정사 공인시험 1기 출신)들의 결집을 모우지 않고 기대할 수는 없다. 해서 사령탑으로 오나라 총군사인 주유(김영성 행정사)와 워렌비티와 열연한 은막의 지성과 미모를 자랑했던 나탈리우드(김미경 행정사)를 각각 차세대 배우세력으로 포진했다.

난립한 행정사 판국을 춘추전국시대의 군웅의 활거라 진단, 육도삼약의 강태공(국세청 출신 감사 양갑동)과 전 김치열장관의 보좌관 출신 시니어 탤런트 김영웅 행정사가 국사모의 홍보특위위원장으로 포진하고 있는 등 이른바 차세대 벼락팀(행정사 공인시험 1기 출신)과 절묘한 매칭을 이루고 있는 것이 특색, '국사모'의 정통성 확립을 위해 삼국지의 덕망의 표상 유비(금성원 한국직업평생교육원 원장)을 상징적으로 포석하였고, 삼국지 최대 맹장 마초(임종상 검도7단), 수호지 양산박의 108두령 중 조개(문매재 행정사: 감사)까지 등장시켜 이른바 중국 무협지를 방불케 하는 일방, 은막의 여신 바람과 함께 사라지다의 비비안리(김중희 행정사)를 출연시킴으로써 고전과 현대를 조망하였다.

한편, 이재덕 출입국소장이 조조의 경호대장 허저가 행한 士爲知己自死(무사는 자신을 알아주는 사람에게 죽음이라도 바친다)를 보여 주었다면, 조조의 대군을 맨몸 하나로 장판대교에서 촉진영의 백성을 지켜낸 장비익덕- 이재관 행정사야말로 진정 국사모가 지향하는 정책, 기획, 조정실장역의 1인 3역을 수행한 인물로 총연합회 탄생과 더불어 횃불처럼 부상한 인물이다.

이렇듯 '국사모'는 국가의 정통성을 바탕으로 살아왔고 살아갈 것을 천명한 건전 보수단체다.

이를 웅변이나 하듯 연합뉴스TV에 출연하여 북핵의 위협으로부터 '사드 조기배치', '개성공단 폐쇄'를 강변한 논객, 서울대 외교학과 졸업, 전 국정원 제1차장, 전 서울대 국제대학원 초빙교수, 전 청와대 국가안전보장회의 정보관리실장, 전 주홍콩총영사, 전주유엔(UN)대표부 공사, 전 박근혜대통령후보 대외협력특보를 역임하여 「통일대한민국」을 표방하고 있는 전옥현 님을 고문으로 추대, 이른바 '국사모' 새 비전을 제시하기에 이른 것이다.

이제 '국사모'는 회원들의 갖고 있는 능력을 최대한 발휘할 수 있도록 회장으로써 다짐, 대외적으로 공신력 있는 사회단체(법정법인 국사모 행정사총연합회)로 등록을 앞두고 대림동 소재 PIA글로벌합동사무소의 행정사, 민간조사 등 이른바 탐정업무를 주관하는 오학기 행정사를 전격 사무총장으로 스카웃하는 것 외 한국 민간조사협회의 최고 프로파일러 김성도 교수, 곽용기 디텍티비 뉴스(Detecitive News: 탐정신문) 발행인 등 3인을 영입하는 등 한 차원 높은 총연합회의 위상에 맞는 인사를 단행함으로써 새 전략의 포진을 시도했다.

이로써 특위위원회의 슘퍼터 창조적 파괴, 본 조직 심장부인 등기이사의 헌신적 결집력 등을 비롯한 핵심회원(대의원)들로 '국사모'가 대한민국의 정통성을 사랑하는 모임으로 국가와 민족 앞에 무명의 헌신을 천명한 이유가 바로 여기에 있는 것이다.

영원한 여인, 그레타 가르보

그 시절 우리가 사랑했던 여성, 고혹적인 눈빛을 가진 '말보다 눈빛으로 이야기하는 것이 더 어울리는 여배우' 그레타 가르보. 애잔한 쓸쓸함을 담고 매혹적인 슬픔을 느끼게 했던 여인. 그녀는 공식석상에서 은퇴한 후 두 번 다시 세상에 모습을 드러내지 않았기에 비밀의 여인 그레타 가르보에 대한 향수가 짙다.

스웨덴 출신의 영화배우. 그레타 가르보(Greta Garbo)는 1905년 9월 18일 스톡홀름에서 태어났다. 그녀의 아버지는 거리 청소부였는데, 일찍 세상을 떠나서 14세의 나이로 일을 구해야만 했고 어렸을 때부터 그녀의 탁월한 미모는 주위의 시선을 끌기에 충분했다. 그녀는 스웨덴의 가장 큰 백화점 PUB 설립자의 아들에게 발탁되어 점원으로 일하던 시기인 1920년 모자 모델 제의를 받았을 때 겨우 15세였다. 이처럼 조숙했던 그녀가 단역배우 일을 구하러 스톡홀름의 영화촬영소를 찾은 건 예정된 수순이었으리라. 스톡홀름 연극학교에서 장학금을 받았고 국제적인 배우가 되기 위해 자신의 성(姓)을 어느 나라에서도 발음하기 쉽도록 가르보(Garbo)로 바꾼 것은 아주 자연스런 일이었다.

다음은 잘 정리된 자료에 따른 것으로 필자가 추적한 것은 아니다.

가르보는 왕립연극학교(Royal Dramatic Theater acting school)에서 연기수업을 받은 후에 소규모 무대에 섰다가 영화감독인 마우리츠 스틸러에 의해 발탁이 된데 이어 1924년 19세의 나이로 영화에 데뷔를 했지만 아직 자신의 진가를 드러내기에는 이른 것 같았다. 이내 기회를 잡은 건 게오르크 파브스트 감독의 '활기 없는 거리(The Joyless Street, 1924)'에서 조연을 맡아 가능성을 입증한 데서부터이다. 이 작품 이후 그녀는 스틸러와 함께 할리우드로 가서 MGM이 제작을 한 '격정(The Torrent, 1926)'에서 주연을 맡게 된다. 영화는 성공을 거두었고 가르보는 서서히 부상하기 시작, 차기작인 '요부(Temptress)'에서 그녀는 제목 그대로 요부(妖婦)형의 캐릭터를 맡아 호기심에 가득 찬 관객들을 매료시켰으며, 영화는 흥행대박을 터뜨렸고 여신과 같은 신비한 분위기와 모나리자와 같은 미묘한 매력을 머금은 싸늘한 미소, 기품이 있으면서도 어딘가 우울해 보이는 듯한 얼굴, 요염한 관능미와 순수미를 겸비한 여배우로 일약 스크린의 여왕으로 등극했던 것이다. '제2차 세계대전 이전에는 그레타 가르보, 대전 후는 마릴린 먼로'라는 말이 당시 그녀의 유명세를 대변한다.

가르보는 이후 '육체와 악마(Flesh and the Devil, 1927)' 및 '안나 카레니나(Anna Karenina, 1927)'를 비롯해서 여러 편의 작품에 출연하면서 인기를 누렸다. 가르보는 '육체와 악마'에서 공연했던 존 길버트(John Gilbert)와 실제로 열애에 빠졌지만, 이들의 관계가 결혼으로까지 이어지지는 않았다고 한다. 절정기에 가르보가 한 남자에게 예속되기보다는 영화에 전념하기 위해서는 현실적 여건의 평범한 행복론 정도는 포기해야 했기 때문이었다.

1930년대 들어서 그녀는 '마타하리(Mata Hari, 1931)' 및 '그랜드 호텔(Grand Hotel, 1932)' 등에 출연하면서 그야말로 농익은 전성시대를 구가한다. 그리고 '니노치카(Ninotchka, 1939)'를 마지막으로 그녀의 시대는 사실상 마감을 하기까지 영화사에서 오드리 햅번이 깜찍한 요정의 대명사였고, 마릴린 먼로가 관능미의 화신이었고, 엘리자베스가 미녀의 대명사였다면, 가장 신비하게 무장된 여배우는 단연 그레타 가르보가 아닐까? 1941년 가르보는 또 한 편의 코미디영화인 '두 얼굴의 여자(Two-Faced Woman)'에 도전을 했지만, 흥행에 실패했다. 당시 2차 세계대전이 한창이어서 유럽 쪽 배급이 여의치 않자, MGM은 스타 가르보를 미국식 여성으로 설정하려 했지만 실패했다.

1949년 가르보는 자신을 지지하는 팬들의 성원에 보답하기 위해 마지막으로 스크린 테스트에 임했지만, 결실을 맺지 못했고 어느덧 왕년의 스타로 여겨지게 되었다. 그녀는 곧바로 은퇴를 선언했고,

스위스 및 이탈리아 등지에서 칩거에 들어간다. 전성기 때 활약상에 비해 아카데미와 인연이 없었던 그녀는 1955년 제27회 아카데미 공로상 수상자로 선정되었다. 한편 가르보는 뉴욕영화비평가협회에서 무려 네 차례나 최우수 여우주연상을 수상했다. 1936년 '안나 카레니나(Anna Karenina, 1935)'를 필두로 1937년 '춘희(Camille, 1936)', 1939년 '니노치카(Ninotchka, 1939)', 그리고 1941년 '두 얼굴의 여자(Two-Faced Woman, 1941)'로 거의 연거푸 수상을 했던 것이다. 평생 독신으로 여생을 보낸 그녀는 1990년 4월 15일 미국 뉴욕에서 타계하기까지 도도함과 신비함을 관객들의 뇌리에 깊숙이 새겨 놓았던 것이다. "늙어가는 모습을 팬들에게 보이고 싶지 않다"는 말을 남기고 은막을 영원히 떠난 그녀는 세인의 가슴에게 서늘한 그리움으로 남아 있다. 워싱턴포스트마저 20세기 가장 위대한 여배우라고 선정했던 이유는 그 시절 유명한 배우들에게 흔히 있는 스캔들 하나 없었던 순백미가 그녀를 더욱 사랑하게 되었는지 모른다.

그레타 가르보는 자신의 사생활과 공적 페르소나를 철저하게 분리하는데 성공한 흔치 않은 유명배우였다. 이 베일에 싸인 스웨덴 출신의 미녀 배우는 언론매체의 접근과 공적인 접촉을 철저하게 차단 은둔함으로써 결과적으로 이러한 신비주의 전략이 그녀의 성공에 핵심적 요인으로 작용을 했던 것이다. 매슈 코니엄(Matthew Coniam)은 "가르보가 신비로운 여인이자 유성영화에서 가장 아이콘적인 스타로 재빠르게 변신한 것은 필연적인 일이었다."고 평가했다.

관상 대가의 눈에 비친 수양대군

- 관상을 통해본 정보경제 심리학 -

시놉시스

천재 관상가 내경(송강호 분)은 김종서(백윤식 분)를 대면한 순간 내심 경탄한다.

"눈(배짱), 입(아집), 이마(원리원칙), 세상의 평이 맞구나, 대단한 상이다, 포효하는 범상이다. 그래 호랑이 맞다." 이렇게 권력의 중심에 그가 편입되었다.

내경은 수양대군(이정재 분)을 마주하며 또 한 번 기겁한다. "목을 잡아 뜯고 절대 놔주지 않는 잔인무도한 이리. 이 자가 진정 역적의 상이다." 그는 늙은 범과 젊은 이리가 싸우면 이리가 이길 것으로 내다보고 온 힘을 다해 막기로 한다. 여기서 관상의 대가도 시운을 타지 못했다.

화면은 수양대군이 반대파를 숙청하고 왕위를 찬탈한 이른바 癸酉靖難(계유정난)을 관상가의 시점에서 포착한 사극 「관상」(한재림 감독)으로 역사적 사실에 스토리를 상상력으로 덧붙인 픽션 사극으로 완성도를 높인 것.

이 영화는 다양한 캐릭터가 역사적 사건에 스며들면서 흥미를 신진한 이야기로 재구성한 것이 특징이다. 각 캐릭디가 익숙한 시실에 관상가라는 독특한 인물을 집어넣어 재치 있게 이야기를 풀어냈다는 평가를 덤으로 얻어 내기도 했다는 평가다.

처남(조정석 분)과 더불어 아들(이종석 분)과 산속에 칩거하고 있던 내경은 관상 보는 기생 연홍(김혜수 분)의 제안으로 한양으로 상경하여 사람들의 관상을 봐주는 일을 하게 된다. 용한 관상쟁이로 이름을 얻으면서 김종서로 부터 사헌부를 도와 인재를 등용하라는 명을 받는다. 내경의 명성을 들은 수양대군은 다른 사람을 그 앞에 자신인 것처럼 내세운다. 이처럼 관상을 본다는 것은 미래를 내다보는 것인데 당시 상황은 문종 사후 반역을 꿈꾸는 왕위 찬탈의 계획을 미연에 방지해야 한다는 문종 나름의 간계였다.

영화를 관통하는 사상은 운명론이다. 사람의 얼굴에는 운명이 적혀 있어 이를 바꿀 수 없다는 것이다. 등장인물들은 이를 거역할 수 없다. 내경도 앞날의 비극을 내다보면서도 바꿀 수는 없었다. 이를 반증한 것은 이 영화 속 내경이 관상 대가로써 자신의 아들 진형이가 관직에 오르면 목이 잘린다는 운명론을 알면서도 이를 막지 못했다는 점에서 극명하게 나타난다. 그뿐인가 관상 대가를 비웃듯 한 수양의 말 "자신의 아들이 활로 죽을 줄 알았을까?"라며 활시위를 당겼을 때 내경이 비통해 하는 모습에서 우린 관상천재의 한계를 보았던 것처럼….

'관상' 영화는 다양한 캐릭터를 음미하는 맛이 뛰어나다. 송강호(구렁이 상) 이정재(이리 상) 김혜수(고양이 상) 백윤식(호랑이 상) 조정석(너구리 상) 이종석(황새 상) 등 일급 배우들을 한자리에 모은 것만으로도 대단하다. 복숭아꽃처럼 붉은 도화 빛이 감도는 것이 무당끼가 있다는 데다 교태스럽게 웃을 때 콧등에 잔주름이 파도를 이르는 것이 마치 암내를 풍기는 고양이를 연상케 하는 연홍역의 김혜수, 목젖이 튀어나온 게 성질을 못 죽여 패가망신할 상이라는 처남 역 조정석, 관직에 진출하면 칼을 맞을 것이란 아들 이종석 등 관객들은 극중 배역과 이들의 관상을 매치시켜보는 즐거움을 얻을 수 있다.

화려한 캐스팅에 비해 스토리 뒷심이 약간 부족하다는 일부 평도 있는데 한명회가 모사의 전성기에 목의 15도 각도 유지가 늙어 가면서 정상체위로 돌아간 듯 한 실수가 아쉬웠고, 관상가의 예언대로 살아생전 목이 잘리지 않고 관속에 누운 한명회를 剖棺斬屍(부관참시) 한 역사적 기록을 자막으로 설명하고 만 점 등… 그리고 전체적으로 운명을 거부하려는 인물들의 악착같은 노력을 하였으나 그것이 수포로 돌아가는 에피소드를 더 가미함으로써 勸

善懲惡(권선징악)이라는 우리네 존재의 비극성을 좀 더 부각할 수 있지 않았나하는 아쉬움을 남겼다.

간단 평

「관상」, 영화와 역사라는 두 개의 수레바퀴를 한재림 감독의 신작 「관상」을 보고 있으면 문득, 그리고 새삼스럽게, 작금의 한국영화가 흥행 면에서 이처럼 성공하고 있구나 하는 감을 느끼게 한다. 전반적인 평가는 전문 분석가들의 평을 들어보자.

「관상」은 여러모로 잘 만들어진 사극임에 분명하지만 그래서 아쉬움이 남는 영화이기도 하다. 호화 캐스팅을 자랑하는 배우들의 면면은 개성 있고 안정감 있는 캐릭터를 창조해 극을 이끌어가며, 인물의 심리를 끈질기게 파고들던 한재림 감독의 장기는 여전하다. 픽션에 걸맞게 시대를 고증하고 재창조한 미술, 의상, 소품 등도 완성도를 높인 일등 공신이다. 하지만 스토리와 캐릭터의 유기적 조화는 본격적인 사건이 전개되며 허점을 드러냈다. 관상이라는 흥미로운 소재가 역사적 사건의 중심에서 주변부로 밀려나는 순간, 인물들의 갈등과 충돌은 그 입체감을 잃어버린다. 드라마에 집중하려한 전반적인 흐름도 극의 분위기를 직, 간접적으로 드러내는 인서트와 몽타주의 과도한 스타일로 인해 잠식되는 형국이다. 인물의 심리에 집중한 앵글과 편집이 만들어낸, 목적에 적확해서 창조적이고 스타일리시 해 보이는 숏들이 즐비하기에 더욱 사족처럼 느껴진다.

“수양대군은 천하를 두려워하며 그 그릇이 결코 왕위 찬탈을 감행할 그릇이 못 되옵니다.”

내경은 얼굴을 보면 사람의 모든 것을 꿰뚫어 볼 수 있는 천재 관상가. 그를 회유하려고 한양에서 찾아온 기생 연홍(김혜수 분)이 거짓말을 하자 “도홧빛이 돌고 입술이 붉은 게 무당 끼가 있어 보이긴 한데… 무당 될 팔자는 아니고…. 무슨 꿍꿍 속인지 모르나 거짓말 할 거면 가라.”라며 대번에 간파해 벌렁 나자빠지며 뱉은 말이다. 역적집안 출신으로 은거하며 살고 있는 내경의 실력에 감탄한 연홍은 거액의 계약금(?) 혹은 착수금(?)을 선뜻 주고 자신이 운영하는 한양의 기생집으로 불러들인 것이 계유정난 한복판에서 대사건의 주연을 맡게 된 배경이 되었다.

화면은 바뀌고 술을 마시러온 고객들의 사주를 봐주는 요즘말로 ‘사주카페’와 같은 영업실적은 새벽부터 장사진을 이루게 되는데 이를 계기로 한양의 고위층에까지 알려지고 결국 권력 투쟁의 와중에 말려들어 허우적대는 한 비운의 관상쟁이 스토리가 이 영화의 주요 플롯이 된다. 역설적이지만 내경은 남의 관상은 볼 수 있으나 진즉 자신의 팔자소관은 볼 수 없다는 역설을 가능케 했다. 탁월한 실력을 발휘한 내경의 입소문은 온 장안을 들끓게 하여 급기야는 당대 정치가였던 좌의정 김종서(백윤식 분)에게 까지 알려지게 되어 그를 눈여겨보게 되고 김종서는 임금인 문종(김태우 분)에게 데려간다. 병이 깊어 가장 큰 고민으로 불면하던 왕은 어린세자가 왕좌를 누군가에게 빼앗기지 않을까하며 노심초사 하던 중 내경에게 역모를 일으킬 만한 사람의 관상을 살펴볼 것을 명한다. 해서 경제학에서 통하는 최적탐색행위가 시작되었다.

그러면 관상을 통한 '선별' 행위는 어떤가?

모든 정보 가운데 가장 값진 정보를 꼽으라면 '정확한 미래예측'일 것이다. 사람들이 과거의 데이터를 분석해 얻으려고 하는 것도 앞으로 벌어질 일을 예측하기 위한 것이니 당연한 귀결이다. 내경은 사람의 얼굴을 보고 그의 앞날까지 상당히 높은 확률로 알아맞히는 신기(神技)를 갖고 있어 관상으로 내심을 들여다보는 경지에 이른 인물. 정보경제학에서 심리학까지 이른바 도사 수준에선 그가 단시간 내에 한양에서 가장 '핫'한 인물로 떠오르고 임금까지 그를 찾게 된 것은 당연한 고부가가치 상품을 지닌 인물이 된 것이다. 왜냐하면, 병약한 문종의 걱정은 정보가 없다는 점이었기 때문이다. 의심 가는 사람은 몇 명 있지만 누가 왕위를 찬탈할 역모를 꾸밀지 확신을 내릴 수 없는 상황에서 족집게 도사가 당연히 필요했던 것이리라.

정보경제학의 관점에서 본 영화는 정보가 불완전한 상황에서는 이를 최대변수로 기획했고 화면은 예상치 못한 결과가 만들어질 수 있다는 극적 분위기 - 역성혁명의 배태되는 태동을 의미심장에게 끌고 가는 특징으로 설정되어 있다. 이는 마치 예상주가의 경제주체들이 갖고 있는 정보의 양이 차이가 들쭉날쭉한 변수를 동반할 때, 혹은 최종적인 결과로 나타날 때 치명적일 수 있다는 점을 노린 것으로 보인다. 이 영화의 주요화면 연출은 역성혁명에 대한 결과론에 대한 공포가 전반적으로 짙게 깔려 있는 분위기가 화면을 채워 나갔다는 점에 그렇다는 뜻이다. 이 영화는 정보를 갖고 있지 못한 경제주체가 간접적인 방법을 통해서라도 상대방에 대한 정보를 얻으려고 노력한다는 점에서 안타깝기까지 했다. 이 같은 노력을 '선별(screening)'이라고 정의하지만 문종이 내경에게 그들의 관상을 살피라고 한 것은 일종의 선별 행위인 셈이다.

내경은 왕의 뜻을 받들어 '역모 후보자'를 차례대로 살피기 시작한다. 내관으로 변장해 후보자를 찾아가 왕이 그림을 하사했다며 관상을 보는 식이다. 내경은 영의정 황보인에 대해선 '한눈팔지 않고 한 길만을 달려온 전형적 사대부로 현실에 만족하고 게으른 면도 있는 사람'이라고 평가한다. 안평대군, 신숙주도 역모의 상은 아니라고 고했다. 마지막으로 문종이 가장 경계하고 있는 수양대군에 대해선 '작은 쾌락에 만족해 살아가는 인물로 염려할 필요가 없다'고 말한다.

역 선택을 이끌어낸 수양대군의 모사가 역사를 바꿔 놓았다.

문종은 내경의 말을 믿고 내심 안심한다. 내경의 평가에 상당한 신뢰를 갖고 있었기 때문에 맹신은 금물이다란 주의력 부족이 역사의 장을 바뀌게 만들었으니 말이다. 머지않아 문종이 병으로 승하한 뒤 내경은 김종서에게 이 일을 고한다. 수양대군의 평가를 들은 김종서는 내경에게 '어리석은 소리'라고 일갈하며 직접 수양대군을 보여주겠다고 한다. 사냥을 마치고 돌아오는 수양대군(이정재 분)을 본 내경은 그가 과거에 봤던 인물이 그의 심복이었음을 알고 소스라치게 놀라는 장면에서 관상학의 한계를 절감케 한다. 역모에 대한 의지로 가득 찬 수양대군이 자신의 본모습을 숨기기 위해 '기만전술'을 폈던 것. 수양대군의 본래 얼굴을 본 내경은 공포감에 떨면서 '남의 약점인 목을 잡아 뜯고 절대로 놔주지 않는 잔인무도한 이리, 이 자가 진정 역적의 상'이라고 중얼거린다. 그러나 때를 놓치면 경제력은 급격히 하강한다.

이처럼 수양대군은 그만큼 용의주도한 인물이었던 것. 노심초사로 불안감에 휩싸인 문종이 어떤 형태로든 자신을 의심하고 경계하고 있다는 사실에 대한 사전경계심과 이에 대한 몸 낮춤 자세. 관상가를 기용해 주변 사람들을 살피고 있다는 사실서부터 그 관상가가 상당한 내공을 갖추고 있다는 사실까지 모두 알고 있던 그는 자신의 진짜 얼굴을 노출하지 않는 것으로 상대방을 오판하게 만들었으니 어찌 보면 한 수 위는 수양 쪽이다. 뿐만 아니라 내경 측을 상대로 한수 위의 계략(대상착오 유도비책)을 펼쳐 자신을 향한 김종서의 공격을 미리 차단하는 데 성공함으로써 작은 정보에 대한 맹신이 결국 계유정난(癸酉靖難)을 불렀다는 역사가의 평을 낳았다. 그렇게 역사의 한줄기를 바꿔놓았던 것이다. 이빨 빠진 호랑이 김종서는 철퇴에 맞아 숨을 거두고 유약한 단종은 왕위에서 물러나 '단종애사'가 탄생한다.

훗날 수양대군의 책사 한명회(필자는 얼굴 없는 그를 악어 상이라 칭한다)가 내경을 찾아가 거사(계유정난)를 일으킨 자들의 관상을 기록해 달라는 부탁을 한다. 역모로 정권을 잡은 업보로 내부의 또 다른 역모 가능성을 늘 걱정 하고 있었기 때문이리라. 내경의 반응은 탄식이었다. "난 사람의 얼굴을 봤을 뿐 시대의 모습은 보지 못했소. 시시각각 변하는 파도만 본 격이지. 바람을 보아야 하는데, 파도를 만드는 건 바람인데 말이오." 때마침 일렁이는 파도가 을씨년스럽다.

완벽한 정보를 기반으로 하는 완벽한 판단은 없다는 한탄이었으니 내경의 한탄은 역사를 움켜잡고 몸부림친 사람과 이를 지켜본 사람의 대화라는 점에서 의미심장하다. 해서 큰 정보와 작은 정보를 구별하지 못하고 보다 궁극적으로는 거대한 정보의 흐름을 미리 알아차리지 못하는 인지(認知)의 유한함에 대한 자조이기도 했으리라.

일반적으로 '관상은 심상에서 나온다'.라는 말로 대미를 장식할 수 있다. 결국 영화 '관상'은 조선시대 문종말기를 시대적 배경으로 역사의 소용돌이 속으로 뛰어든 한 천재 관상가의 이야기를 그린 작품이지만 우리에게 많은 시사점을 던진 작품이다. 능력은 갖췄으나 야심에 찬 이리 상 수양대군이 철저히 인내하며 때를 기다린 점. 권력의 정점에서 서있었으나 고집과 의리로 결국 죽는 호랑이 상 김종서의 최후, 천재적이나 사람을 못 읽는 구렁이 상 내경의 깊은 탄식은 현대를 살아가는 우리들의 회한의 탄식이 아닐까?

돌팔이 영화평론

'가장 큰 것은 밖이 없고, 가장 작은 것은 안이 없다.' '至大無外, 至小無內'로 알려진 이 명언은 임마누엘 칸트의 안티노미 논쟁을 거쳐 오늘날 천문학의 코스몰로지에 이르기까지 萬古에 부정할 수 없는 논리적 명제다.

이 글에서는 '至大無外, 至小無內'라는 멋대로의 생각으로 최근 본 영화들을 평론하는 것이니 아마추어 수준이고 전문적으로 다듬어지지 않은 글일 수밖에 없음에 먼저 이해를 구하고 싶다. '책 한 권 읽은 자가 가장 무섭다'는 식의 막무가내적인 정신으로 쓴 글이므로, 독자들도 편안한 마음으로 이른바 '돌팔이 영화평론가'의 이야기에 귀를 기울여주길 바란다.

영화는 그 시대상을 비유나 풍자하는 것이 일반적이다. 따라서 필자가 최근 접한 영화들 '도가니', '의뢰인', '부러진 화살' 등은 사회적 공분을 일으키는 부담스러움이 있었으나, 여기 소개되는 영화, '범죄와의 전쟁', '화차', '철의 여인', '가비' 등은 비교적 사회비판적인 무거운 주제를 벗어나 자유롭게 선택한 영화라 할 수 있다.

최근 시대상을 극적으로 풍자한 '범죄와의 전쟁'은 배우들의 캐릭터가 분명한 특징을 가진 영화이다. 이 영화는 부산의 조폭 이야기를 근간으로 한 인물의 생존기라고도 볼 수 있다.

배우 최민식(49)은 '쉬리', '올드보이', '취화선', '악마를 보았다' 등에서 선 굵은 연기를 선보여 왔다. '악마를 보았다'에서 그는 연쇄살인마의 이미지로 전율 자체였다면 '범죄와의 전쟁 : 바쁜 놈들 전성시대'에서는 부패한 세관공무원에서 부산의 최대조직으로 흘러들어가 '로비의 신'으로 등극하는 최익현을 연기함으써 다양한 컬러의 배우임을 증명해 보였다.

폭력조직의 최대 위기였던 1990년대(범죄의 소탕시기인 삼청교육대의 시대)를 시대적 배경으로 삼은 이 영화는 조폭 세계에 들어선 아버지 최익현의 생존을 위한 몸부림을 보여주며, 기존의 이권다툼 중심의 조폭이야기로 발전되는 바탕을 만드는데 성공했다는 평가다.

무엇보다 이 영화의 가장 큰 매력은 조폭들의 세상을 그리는 느와르의 외형은 잃지 않은 가운데 시대적 미장센과 한국식 '감동'까지 모두 챙겨냈다는 점에서 허리우드에 뒤지지 않는다고 자부한다.

결국 이 영화는 정체성이 모호한 '잡탕'이 아니라 장르적 특성시대를 향한 입체적 조롱과 탈법의 특허인 무력 우상화가 절묘하게 매칭된 점에서 높은 평가를 받았으며, 이 시대에 강한 메시지를 남겼다.

'범죄와의 전쟁'이 시대를 이용해 생존의 법칙을 깨달은 카멜레온 같은 인물을 그렸다면, '화차'는 사회의 사각지대에서 철저히 짓밟힌 한 여인의 몰락을 그렸다. 전자의 인물은 사회의 부정부패를 이용하며 살아남았지만, 후자의 인물은 그야말로 사회의 압력에 못 이겨 화차에 몸을 싣고 극한까지 내몰리게 되었다고 해도 과언이 아니다.

주인공 선영의 과거를 추적하는 미스터리 장르답게 '화차'는 매 장면 섬세하게 주인공의 과거를 추적해가면서 영화의 제목대로 불을 안고 달리는 화차(망자를 태워 지옥으로 달리는 불수레)를 탈 수밖에 없는 선영의 애처로운 상황을 그린다.

상견례를 가는 첫 장면에서, 먹구름이 낀 하늘을 두 남녀의 어두운 미래를 예측하듯 카메라의 앵글이 비추는 것부터 시작해서 이 영화의 풍경과 공간은 그 자체로 암시적인 메시지를 품고 있다. 선영의 굴곡진 인생마냥 굽이굽이진 골목길, 그녀의 불안한 미래처럼 검붉은 바다와 연결된 등대 집, 그리고 그녀의 미스터리한 과거가 밝혀지는 진해의 다방, 마지막 신에서 그녀의 인생의 종착역이 될 용산역 등등.

김민희를 천사와 악마로 오가게 한 변영주 감독은 '발레교습소'

이후 7년 만에 메가폰을 잡았다. 그의 선택은 일본 미스테리 여왕 '미야베 미유키'의 베스트셀러 '화차'! 섬세한 감성과 힘 있는 메시지 전달로 이 영화는 오래 영화팬들 사이에서 회자될 듯하다.

이선균은 끝까지 자신이 사랑한 여자를 믿고 싶은 마음과 드러나는 잔혹한 진실 앞에서 혼란스러워 하는 모습을 애처로울 정도로 절박하게 연기했다. 본명이 '차경선'으로 드러났지만 최후까지 사랑했던 이름 '선영'으로 부르며 '사랑이나 했나?' 되묻는 문호. 선영의 담담한 '아니'라는 답을 들었을 때, 그는 얼마나 큰 비애를 느꼈을까?

'나, 사람 아니야, 쓰레기야.'라는 자조 섞인 선영의 한 마디는 사회에 적응하지 못한 낙오자의 모습을 단적으로 보여준다. 언제나 자신의 본 존재를 감추고 진실을 외면해야 했던 선영은 현대사회를 살아가는 우리들의 자화상이 아닐까?라는 생각에 영화 보는 내내 씁쓸함을 감출 수 없었다.

이 영화는 주인공 이선균 입장에서는 지독한 멜로이고, 조성화의 입장에서는 범죄 추리극이지만, 관객인 필자의 입장에선 폭력의 피해자는 언제든지 폭력의 가해자가 될 수 있다는 미스테리임을 실감케 했다.

'화차'가 무너져가는 한 여인의 내면 심리를 이중주로 그려냈다면, '철의 여인'은 한 여인의 힘이 나라를 구할 정도로 강인하다는 것을 보여주는 사례이다. 전자의 영화가 개인이 사회에 얼마나 무력한가를 보여줬다면, 후자는 개인이 사회에 얼마나 크게 기여할 수 있는가를 보여주는 영화라 할 수 있겠다.

세계에서 가장 파워풀한 여성 '마가렛 대처!' 이 영국 최초 여성 수상을 세상은 '마가렛 대처'라고 쓰고, '철의 여인'이라고 읽는다.

1900년대 로널드 레이건 미국대통령과 함께 서구사회의 신자유주의의 흐름을 이끈 역사적 인물의 전기 영화임에도 불구하고, 영화 속에서 마가렛 대처의 정치가로서의 존재감을 찾기는 쉽지 않았다. 1979년 영국 최초 여성총리 자리에 올라 강인한 리더십으로 11년간 최장기 재임기록을 남긴 마가렛 대처! 그녀의 삶이 영화 '철의 여인'을 통해 되살아났다. 하지만 영화는 그녀의 대외적인 업적보다는 나이가 든 그녀가 남편의 환영을 떠나보내지 못하는 등의 그녀의 비하인드 스토리, 즉, 그녀의 인간적인 삶에 더욱 포커스를 맞췄다.

'마가렛 대처'역을 분한 메릴 스트립은 전 세계 언론의 격찬을 받을 정도로 살아있는 기적을 그려냈다. 메릴 스트립은 목소리만으로도 오스카상을 받아야 한다는 주장이 있을 정도로 연기력 측면에서 무결점 그 자체였다. 영화는 정계를 떠나 노년의 삶을 살아가고 있는 대처의 모습을 집중 조명하며, 대처의 삶을 반추해 과거를 하나씩 풀어나간다.

진취적인 이상으로 가득 찼던 옥스퍼드 대학생 시절과 남성들의 전유물이던 정계에서 총리직까지 올라 강단 있게 정책을 펼치는 모습은 참 인상적이었다. 그녀를 상징하는 파란색 정장을 입고 까만 정장을 입은 남성들의 틈에 끼어 있는 모습은 가슴이 뻥 뚫리는 듯한 통쾌감을 주기까지 했다. 하지만 영화는 오래 전 사망한 남편의 환영과 대화를 나누며 자신의 과거와 현재를 왔다 갔다 하는 노년의 대처를 그리기에, 정치영화라기보다는 오래도록 가슴 찡한 인물 영화라 할 수 있겠다.

'철의 여인'이 정적인 분위기로 시종일관 한 여인의 삶을 집중해서 보여줬다면, 김탁환의 소설 '노서아 가비'를 원작으로 한 영화 '가비'는 액션, 첩보, 멜로 등의 장르를 넘나들며 숨가쁘게 조선의 첫 바리스타 여인의 삶을 투영해냈다.

명성황후가 시해된 을미사변 이후, 고종이 러시아 공사관으로 피신한 사건인 '아관파천' 때 고종이 커피를 즐겨 마셨다는 일화가 전해진다. 당시 커피는 한자식으로 발음해 가비차로 불렀고, 그때 조선 최초의 바리스타가 탄생했다.

이처럼 영화 '가비'는 역사적 사실을 토대로 한 픽션이다. 조선 최초 바리스타 따냐(김소연)와 그를 사랑하는 일리치(주진모)가 목숨을 담보로 조선계 일본인 사다코(유선)의 사주를 받아 고종(박희순) 암살 작전에 투입된다는 이야기다.

유약한 군주로 묘사되어온 고종을 새롭게 재해석한 흥미로움과 조선 최초의 바리스타라는 신선함이 극장가를 달구기 충분했다. 첫 장면부터가 주진모의 화끈한 기차 액션이라서 기대감은 더욱 고조되었다. 암영이 드리운 역사 뒤편 고종이 숨죽여 지낸 러시아 공사관의 이국적인 풍경과 신여성 '따냐'의 화려한 의상이 절묘한 매칭을 이루는 가운데, 영화는 볼거리를 쉴 새 없이 제공한다. 딱이 영화가 어떤 장르의 영화라고 단언할 수 없을 정도로 액션, 멜로, 첩보를 오가는 사이 2시간 러닝타임이 후딱 지나갔다.

나는 네 배우의 연기력 또한 높이 사고 싶은데, 특히 김소연의 강단 있고 매력적인 연기는 오래 기억에 남을 것 같다. 커피에 독을 타 고종을 암살하라는 밀명을 받고 조국과 개인의 안위 속에서 고뇌하는 따냐 역으로 김소연은 적격이었다. 주진모 역시 목숨조차 아깝지 않은 사랑을 섬세한 연기로 녹여냄으로써 카리스마와 절제의 균형감각을 팽팽히 잘 유지한 비운의 왕 박희순의 연기와 더불어 최상의 앙상블을 빚어냈다.

인간의 욕망과 의지, 빛과 어둠의 실로 짜인 인간 드라마는 과거, 현재, 미래를 넘나들며 늘 존재해왔다. 인간은 참으로 이상한 관음증과 이기적 본능체이다. 자신이 이루지 못한 꿈이나 이상, 다양한 삶의 면면을 영화를 통해 대리만족하며 즐기는 교활함을 지녔으니 말이다. 나는 이런 점에서 돌팔이 영화평론가로서 인간의 욕망과 의지가 만들어낸 장대한 드라마를 관람하고, 인간군상의 살아 있는 이야기를 그려내는 데에 희열을 느꼈음을 고백한다.

영화의 외적 요소인 스토리, 영상미, 캐스팅 등이 관객에게 주는 느낌과 관객의 동향을 분석해보는 것과 영화 내적 요소인 영화의 의도, 주제, 각 영상에 부여된 의미 등을 통해 감동이 표현하고자 하는 바를 분석해 보는 것, 그 영화가 사회적으로 어떤 영향력을 줄 수 있는가를 분석해 보는 것 등은 나에게 무한한 기쁨을 준다. 그렇기에 나는 기꺼이, 세상에서 가장 기쁜 '돌팔이 영화평론가'가 되고자 하는 것이다.

시대의 내부 고발자

'내부자들'의 메시지는 각 조직 정점이 시대를 농단할 수 있는 의치에서 사회라는 인체에 수술용 칼을 휘두르는 모습을 고발하는 카타르시가 충만한 영화다. 이 영화를 각색한 감독이 겨냥하는 내부자들은 청년 김지하가 지칭한 '오적(五賊)'들과 많은 부분이 중첩되게 하는 기법으로 연출을 시도했다. 그렇다면, 내부자들 또는 오적들은 수술대 체험을 통하여 왜곡된 인식의 건강성을 스스로 회복할 수 있는 기제로 이 영화는 헌정되어야 할 것이 아닌가?

영화의 설정 배역은 조국일보의 이강희 논설주간, 미래 자동차 오현수 회장, 그리고 신정당 장필우 의원을 한편으로 하는 권력자들과 깡패 출신 전 연예기획사 대표 안상구, 지방대 경찰 출신 우장훈 검사, 이른바 루저들이 편을 먹고 한판 게임을 벌이는 것 같다.

영화 속 가상적 이미지는 대한민국이라는 실제 공간과 악의 축이 교묘하게 앙상블 되면서 서로 바타(물물교환)하는 형식의 거래 회로에 따라 현실적인 것 속으로 몰입해 간다. 그러나 결론적으로 영화가 끝나는 그 순간, 순종의 정신착란과 잡종의 정신착란(들뢰즈)이 벌이는 화려한 이중주 속에서 낱낱이 벗겨진 우리 사회의 민낯과 직면하게 된다는 점이다.

한 평론가의 표현처럼 "우민호 영하는 '정의? 대한민국에 아지도 그런 달달한 것이 남아 있긴 한가?'라는 씁쓸한 의문을 관객들에게 던져준다."고 했다.

'내부자들'에 등장하는 인물들이 허구 속 인물들에 불과하다고 생각할 관객은 아무도 없다. 그냥 영화 같지만 실제 이름만 바꾸었을 뿐 그 사람들이 아닌가? 이들은 이제껏 TV, 드라마, 영화에서 보아 온 인물들보다 현실에 더 근접해 있는 친숙한 인물들이다. 우민호 감독은 대한민국 국민이 오랜 세월 동안 보도매체를 통해 경험한 사안들을 감각적인 대사와 이미지, 연상 기법을 통해 우회적으로 표현했을 뿐 그 자신 사회의 고발자인 셈이다. 다만, 픽션과 논픽션 사이를 오가며 관객의 상상력을 자극하는데 그의 메시지는 정확하다.

이 영화는 한국사회의 가장 더럽고 구린 곳, 권력자들의 천박한 탐욕과 이기가 뭉쳐 있는 곳을 파헤치는 날카로움을 보여 지금껏 드러나지 않는 치부를 소상하고 리얼하게 극사실주의를 미학적으로 투사, 인지시켰다는 평이다. 그런데 문제는 사실과 허구의 이중성에 대한 관객이 태도다. '영화는 영화일 뿐이라는 방관자의 관음증 같은 심리'가 상당수 팽배되었다는 점이다. 그러함에도 이 영화는 사실과 허구라는 도식을 뛰어 넘어 선과 악의 결코 공존할 수 없다는 사회적 계약 같은 것을 제시했음에 점수를 주고 싶다.

영화 속 대사에서 이강희(백윤식 분)는 특유의 비아냥거림을 통해 뻔뻔하고 능글맞다. 이 땅의 흙수저들, 또는 금수저를 열망하는 이들 앞에서 영원히 약자일 수밖에 없다는 현실을 비판하고, 그것을 경계하기 위해 감독은 이런 메시지를 대화로 풀어내고 있으리라….

'내부자들'은 주연들과 조연이 얽히고설킨 상태에서 그것들을 하나씩 풀어나가는 과정을 속도감 있게 펼쳐서 자연스럽게 관객에게 인과관계를 인식할 수 있게 만드는 화법을 사용하고 있다. 이는 안상구의 기자회견을 맨 처음 삽입하여 캐릭터에 대한 궁금증을 증폭시킨 뒤, 후반부에 정답을 제시하는 방식과 같은 것, 이러한 방식을 채택하여 관객에게 여러 가지 궁금증을 심어주고 그것을 풀어나가는 과정을 통해 지루함을 느낄 틈이 없게 했다.

극중 캐릭터들은 무언가에 대한 정의를 끊이질 않게 했다. 가령 "어차피 대중들은 개, 돼지입니다. 적당히 짖어대다가 알아서 조용해질 겁니다." "대한민국은 줄이랑 빽이야." "말은 권력이고 힘이야." "그러게 잘 하지 그랬어, 아니면 잘 좀 태어나던가."

이렇듯, 극중에서는 '내부자들'의 배경이 되는 대한민국에 대한 메시지를 대사를 통해 굉장히 많이 직설적으로 내뱉는다. 이는 영화의 후반부에서 드라마틱한 효과를 극대화하기 위해, 또 에필로그를 생각해본다면 이 영화가 말하고자 하는 뜻이 짐작된다.

영화에서는 흔히 말하는 뒷세계를 여과없이 적나라하게 드러내는데 신체부위가 잘리는 장면을 그대로 보여주는 것부터, 노인들의 성 접대 장면까지 굳이 그곳에서 어떤 일이 일어나는지를 한 톨도 빠짐없이 알려주겠다는 사명감을 가진 듯 관객의 불편함을 이끌어내기도 한다. 하지만 그러한 장면들은 그냥 말 그대로 불편할 뿐, 관객들로 하여금 분노를 일으키지는 않는다. 사실이니깐, 이는 어떻게 표현할 것인가에 대한 방식의 문제도, 이 장면을 통해 무엇을 표현할 것인가에 대한 상업영화로써의 괴리 또한 느낄 기분도 아니니 말이다. '이들이 이렇게 끔찍한 일을 저지르고 있다'라는 걸 표현하고 싶었다면, 굳이 그곳에서 일렬로 서 있는 여성들의 가슴을 클로즈업하는 장면은 사용하지 않았겠지, 바로 내부자들은 이 점을 노린 것 같다.

내부자들은 아쉽게도 주제의식이 명확한 영화는 아니다. 안상구가 성매매와 살인청부를 하지 않았다는 것을 강조하며 마치 안상구를 선인인 듯, 이제까지 저질러왔던 모든 일이 면죄부가 될 수 있는 것처럼 묘사한 것은 사실성을 약화시키고 말았다. 결국 그의 목표가 '정의'였는지, '복수'였는지를 잘 생각해본다면, 두 캐릭터가 노선을 같이한다고 하여 영화의 주제 또한 겹쳐질 수 있느냐는 점에서는 큰 아쉬움이 남는다. 어둠이 빛을 더욱 강하게 밝힌다고 하여 어둠은 왜 그렇게 지독하게 어두워야 했을까는 물리학이지 사회 심리학은 아니니 말이다.

오프라이즘(Oprahism)

오프라 윈프리는 20년 넘게 낮 시간대 TV토크쇼 시청률 1위를 고수해 왔던, '오프라 윈프리 쇼'의 진행자로 유명하다.

오프라 윈프리는 1954년 1월 29일 미시시피주에서 사생아로 태어나 9세 때 사촌에게 성폭행을 당하고 마약에 빠지는 등 불우한 어린 시절을 보냈다. 그러나 1986년부터 2011년 5월까지 미국 CBS-TV에서 '오프라 윈프리 쇼'를 25년간 5천 회 진행하면서, 미국 내 시청자만 2,200만 명에 달하고 세계 140개국에서 방영되었던 '토크쇼의 여왕'이 되었다. 이후 잡지·케이블TV·인터넷까지 거느린 하포(Harpo: Oprah의 역순) 주식회사를 창립한 회장이 되었다.

이 사회모순을 한 여성의 전 생애를 통해 극명하게 투영시킨 단어를 우린 감히 '오프라이즘'이라 한다. 그렇다. 미시시피 빈민가에서 태어나 9살 때 성폭행을 당한 흑인소녀의 앞날은 글자 그대로 앞이 안 보이는 것처럼 보였다.

그녀마저 되새기이고 싶지 않는 이력은 세상 밑바닥을 다 뒤진 흔적으로 얼룩져 있다. 여성으로 죄악인 애를 낳고 2주 만에 죽음으로 보낸 모태는 사막 그 자체였다. 그런 그녀가 토크쇼의 여왕이 된 것은 우연이 아니다. 죽음 대신 진학을 했다든가 많은 책을 읽으며 좌절을 극복한 것은 인생역전의 계기 되었던 것이다.

30분짜리 TV프로 'AM시카고' 진행을 맡은 지 불과 한 달 만에 같은 시간대 시청률 1위로 올라섰고, 1년도 안 돼 이름까지 '오프라윈 프리쇼'로 바뀌며 그녀의 인생은 바뀌었다고 한다.

그 후 25년 동안 그녀의 토크쇼가 세계 140여 개국에서 방송되는 신화를 일궈냈고 에미상도 47번이나 받음으로써 그녀 자신의 기록에 끝나지 않고 영원한 도전과 비전의 대명사로 회자되고 있다는 사실이다.

한 권위 있는 신경분석가로 플로렌스 리타무어의 Personality plus에 따르면, 그녀는 대중적인 다혈질은 조직적으로, 완벽주의 우울질은 명랑하게, 역동적 담즙질은 적극적으로, 평온한 점액질은 차분하게 각 기질을 재탄생 시켰다는 것. 부끄러운 과거를 고백하고 솔직함과 가슴을 열게 하는 따뜻함, 재치와 파격적이고 선언적 표현 구사, 상대의 눈물과 웃음을 동시에 뽑아내는 기특한 재주, 자신의 약점을 여과없이 토해내는 진지함, 현실의 난이도를 극적으로 반전케 하는 놀라운 긍정적 태도와 대응논리는 그녀 스스로 개척한 기질의 소산이었고 이 모두는 솔직하고 자신에 차 있는 그녀의 삶을 바탕에 세워진 금자탑이기도 했다.

그녀는 자신의 무대에 마약중독자로부터 대통령에 이르기까지 3만여 명을 출연시켰다고 한다. 흑인 빈민가 출신으로 미국에서 가장 부유한 흑인(포브스)에서 가장 영향력 있는 여성(텔레그래프)으로 꼽힌 그녀. 이제 오프라이즘은 한 불량소녀가 토크쇼의 여왕으로 떠오는 윈프리의 아메리칸 드림의 상징으로 역사의 한 획을 그었다.

그녀는 그녀다운 25년 막을 내리는 자리에서 "당신 인생을 책임지는 사람은 당신 자신입니다."라며 "도전하지 않으려는 것이 인생에서 가장 위험한 일이라"고 답까지 던지고 퇴장했다.

잘 알려진 바대로 그녀에게도 큰 아픔이 있었다. 지독하게 가난한 미혼모에게 태어나 어머니가 아닌 할머니 손에 자랐고, 친척에게 성폭행을 당했다. 14세에 출산과 동시에 미혼모가 되었지만, 아이는 태어난 지 2주 만에 죽었다. 그 충격에 가출해 마약 복용으로 하루하루를 지옥같이 살았다. 살고자 하는 의욕이 전혀 없는 107kg의 몸매를 가진 여인이었다. 그랬던 그녀가 오늘날의 오프라 윈프리가 되기까지, 그 밑바탕이 된 것이 바로 감사일기였다. 세상에서 가장 바쁜 사람 중 하나임에도 그녀는 밥 먹는 일 외에 수십 년째 하루도 빼먹지 않고 날마다 감사일기를 쓰고 있다는 것은 이미 유명한 일화이다.

"과거는 미래를 결정짓는 요소가 될 수 없다."

가난함도 부유함도 꿈도 근심도 자신에게 부담가는 모든 것을 사명으로 만들었고 이 사명감이 오늘의 자신을 만들었다고 하는 오프라 윈프리의 철학이 오늘 문득 존경스럽다.

> 남보다 더 가졌다는 것은 축복이 아니라 사명이다. 자기보다 못한 사람을 도와주어야 할 책임이 있기 때문이다. 남보다 큰 아픔이 있다면 그것은 고통이 아니라 사명이다. 아파 본 사람만이 아픔을 겪는 이를 도울 수 있기 때문이다. 남보다 설레는 꿈이 있다면 그것은 망상이 아니라 사명이다. 그 꿈을 이룸으로써 이웃을 위해 봉사할 수 있기 때문이다.
>
> 남보다 부담되는 어떤 것이 있다면 그것은 사명이다. 사명을 다하지 못해서 오는 부담 때문에 그것을 피하지 말고, 기꺼이 그 부담을 사명으로 여기고 감당해야 하기 때문이다.
>
> - 오프라 윈프리 「이것이 사명이다」 중에서

미국에서 영향력 있는 사람 가운데 한 사람인 오프라 윈프리. 그녀는 타임지가 선정한 20세기 가장 영향력 있는 인물 100명 중 한 명이었다. 그녀는 미국 토크쇼의 여왕이고 미국 ABC방송의 '오프라 윈프리 쇼'의 진행자이며 미국 최초의 흑인 앵커이기도 하다. 그녀의 쇼는 미국 전역에서 1,400만 명의 사람들이 시청하고 그녀가 TV에 나와서 책 한 권을 들고 "이 책 좋습니다. 읽어 보십시오." 하면 단번에 밀리언셀러가 된다고 한다. 이처럼 그녀의 영향력은 크다. 그런데 그녀의 삶을 보면 눈물과 아픔 그 자체이다.

이십대까지 남자와 마약에서 헤어나지 못하고 타락했던 인생이었다. 손가락질 받고 조롱과 천시를 받을 수밖에 없었던 그녀가 어떻게 오늘날 전 미국인들에게 가장 영향력을 미치는 인생으로 변신 했을까? 궁금하다. 그것은 한편으로는 신앙이었다.

하나님의 말씀을 붙들고 기도함으로써 그녀는 자신의 인생을 역전시켜 나가기 시작했다. 많은 사람들은 그녀를 비웃었다. 너는 열네 살 때 아이를 낳은 미혼모가 아니냐? 너는 아버지가 누군지도 모르 는 사생아가 아니냐? 너는 도덕적으로 문란하고 마약까지 했던 타락한 인생이 아니냐며 조롱당했다.

그럴 때마다 오프라 윈프리는 "그래, 그게 바로 오프라 윈프리다. 그러나 나의 하나님은 위대하시다"라고 얘기했다. 그녀는 자신이 쓴 책에서 이렇게 고백한다. "저는 매일 기도합니다. 항상 밤에 무릎을 꿇고 기도합니다. 이제껏 살면서 하루도 기도를 빼먹지 않았습니다. 그 내용은 항상 똑같습니다. 제 삶을 도구로 써 달라는 것과 제가 사람들을 행복하게 해 줄 수 있는 사람이 되게 해 달라는 것입니다."

얼마나 멋진 기도인가? 그리고 그런 험준한 인생을 살아 온 사람의 기도가 어쩌면 이렇게 아름다울 수가 있는가? 오프라 윈프리의 인생역전의 비밀은 바로 하나님이었다. 즉 하나님의 능력이다. 항상 기도하는 기도의 능력이었다. 우리들의 모습은 어떤가? 조금만 좌절하고 절망감에 빠지면 하나님도 안중에 없고, 오프라 윈프리 같은 상황이라면 벌써 인생을 포기하고 말았을 것이다. 그리고 우리들의 기도란 것이 대개가 무엇을 달라고 하는 기도가 주종을 이룬다.

그런데 오프라 윈프리의 기도는 어떤가? 하나님의 도구로 써 달라고 하는 것과 사람들에게 영향력을 미치게 해달라고 한다. 사람들을 행복하게 해 줄 수 있는 사람이 되게 해 달라고 하는 기도이다. 여기서 우리는 그녀를 통해서 두 가지를 거울삼아야 한다. 첫째는 아무리 힘들고 어렵다고 하더라도 절대로 인생을 포기하지 말아야 된다. 설령 죽을 수밖에 없는 험준한 상황에 처했다고 하더라도 절대로 인생을 포기하지 말아야 한다. 왜인가? 하나님을 믿기 때문이다. 하나님이 계시기 때문이다. 하나님의 능력을 믿기 때문이다. 둘째는 기도조차도 영향력을 끼칠 수 있는 사람이 되도록 기도하고 살아야 한다.

제목은 「아무리 터무니없는 꿈이라도 이루어진다」였다. 그것은 토크쇼 진행자의 대명사인 오프라 윈프리가 자신이 진행하는 토크쇼에서 방청객 전원에게 경품으로 승용차를 선물하는 장면이었다. 그날 276명의 방청객들은 대당 3천만 원짜리 중형 승용차를 선물로 받았다. 윈프리는 처음에는 방청객중 11명을 무대 위로 불러내어 승용차 열쇠를 1개씩 나눠주고 나머지 방청객들에게는 선물상자를 하나씩 나눠주었다. 그리고 "방청객에게 드린 상자 중 하나에 마지막 12번째 자동차 열쇠가 있다."고 말한다. 모든 방청객이 기도하는 마음으로 상자를 열어보았다.

그런데 놀라운 것은 방청객 모두의 상자 속에 열쇠가 들어 있은 것이다. 방청객들은 엄청난 행운에 감격해 하며 소리쳤다. 그 순간 토크쇼 녹화장은 이 세상 어느 곳에서도 볼 수 없는 환희의 장으로 변했다. 방청객들은 사실 무작위로 선정된 사람들이 아니었다. 모두가 새 자동차가 필요한 각자의 사정을 간절하게 적어서 쇼 담당자에게 보낸 사람들이었다.

엄마와 선생님을 위해서 자동차를 달라는 어린이들도 있었고 64만 킬로미터나 주행한 고물차를 몰고 다니는 가난한 부부의 사연도 있었다. 차를 후원한 제너럴 모터스사는 이 행사를 위해서 770만 달러(약 77억원)이 넘는 거금을 들였지만 그 금액보다 훨씬 많은 광고 효과를 보았다고 한다.

나는 지금도 차 열쇠를 받아들고 열광하고 감격하는 방청객들의 모습이 뇌리에서 떠나지 않는다. 그것은 꿈을 가진 자가 꿈의 실현되었을 때 나오는 몸짓언어이기 때문이다. (이상은 다음에서 퍼온 글을 인용했음을 밝힌다)

4.

데뷔 & 차세대론

데뷔 & 차세대론

1. 상황: 흑사병(페스트)의 기원

몽골의 위대한 징기즈칸은 가장 광대한 지역을 정벌한 정복자였지만 손자 자니베크는 카파성 하나를 취하기 위해 철옹성처럼 지키는 제노바 병사들에게 폭탄이 아니라 죽은 시체를 탄알로 쏘아올려 전염병을 옮기게 하여 성을 함락시킨 이른바 흑사병의 시초를 만들어낸 인류 최초 생물학전의 비화를 탄생시킨 장본인이 되었습니다.

2. 신을 원망하는 기도

카뮤의 페스트를 보면, 의사 류는 페스트에 전염된 많은 어린이들이 죽어가는 것을 보고 자비의 신이라면 왜 죄 없는 어린이의 생명을 빼앗는가 하며 의분을 느끼며 파느루 신부에게 "하지만 저

애들은 죄가 없습니다. 당신도 그것을 아실 테죠."라고 외치고 있습니다. 카뮤는 페스트란 작품을 통해서 '전능하면서도 악을 행하고, 자비로우면서 하나의 자비도 행하지 않는 神'이라고 하느님을 비평하고 있습니다.

3. 기도에 대한 응답과 인간의 모순

히스기야의 벽면기도 "내가 네 기도를 들었고, 네 눈물을 보았노라. 내가 네 수한에 십오년을 더하고 너와 이 성을 앗수로 왕의 손에서 건져내겠고 내가 또 이 성을 보호하리라.(사38: 5-6)" 하였지만 15년 수명연장 중에 대를 이은 아합왕 시대는 얼마나 선지자들을 많이 죽였으며 므낫세는 율법에서 금한 인신제사를 드렸고 이사야 선지자를 톱으로 켜 죽였다고 전해지고 있습니다.

주여 !

2011년에는 위와 같은 인간의 이중적 모순성에서 더 이상 패역하는 우리가 되지 말게 하소서 온역으로 죽은 백성 7만에 이르러 다윗왕이 회개하여 아라우나 타작마당에 여호와의 단을 쌓사오니 단에서 브엘세바에 이른 온역을 거두어 주소서.(삼하24)

부창민 11.01.26. 20:32

6년 전 제주에 있을 때 회장인 blue3456의 카리스마, 산꼴짜기의 자상함, 톡 쏠 듯한 비소, 기획력이 뛰어나 보이는 율빈 등이 본란을 장식했었음을 기억하고 있습니다. 저는 전숙희님, 조병화님, 성춘복님의 추천으로 수필로 등단했으나 글을 쓸 기회를 잃고 지냈습니다. 그러나 불현듯 찾아오는 외로움으로 습관처럼 수필문단을 기웃거렸음을 수줍게 고백합니다. 엿보는 솔솔한 재미로 회원들의 성향을 거의 만나보지 않았지만 꿰뚫고 있음을 용서하여 주십시요. 여러 가지로 감사했었습니다.

답글 |
blue3456 11.01.27. 10:55
^^; 우리가 다~아는 유명하신 분들의 추천을 받으셨는데…. 앞으로는 자주 작품을 접하게 해주십시오. 물론 엿보는 재미도 누리시고요~ ^0^ 그래도 이렇게 속을 보여주시니 참!! 좋습니다. 새해 복 많이 받으시고 자주 뵙게 되길 바랍니다.

이렇게 하여 수필이야기를 첫 데뷔를 알렸던 것인데 나는 그 후 오솔길에 수필이야기에 대한 내 나름대로 감상법을 올리게 된다.

수필이야기 감상법

세상을 읽고 역사를 만든 누군가의 '파란만장 삶'이 아니라도 좋다. 수필이야기의 필진들은 25여 성상을 속삭이고 서로를 그렇게 품어 왔단다. 그곳엔 가슴을 때리는 전율도, 광기어린 독설도 없이 숲처럼 정적 자체로 가장 인간적인 이야기를 나눈다고 했다.

심장막이 멈추고 혈류가 막히면서도 탈고를 했다는 절규에서 남편의 수술실을 마음조리면서 지켜야할 시간! 송고의 강제적 자신의 마지노선을 지켜낸 수필이야기의 산증인은 차라리 비장을 옭아매는 감동이 아니었던가?

한 시대를 개인적으로 뛰어넘은 왕년의 재주꾼이 수줍은 소녀 같은 백발에서 우린 한국여성을 보았고 슬픈 어머니의 자화상을….

나는 수필을 어떻게 써야 정말 가치 있는 것인지를 정말 모른다. 그러나 진실로 아름다운 수필이란 어떻게 피어나야 온당한지에 대해 수없이 생각해볼 수밖에 없는 도전에 직면해 있음을 고백한다. 세상을 읽고 이야기를 만들어 가는 그네들이 여린 몸으로 어떻게 저런 글들을 엮어 냈는지? 나는 같은 회원으로 경이로움에 스로 놀라곤 한다.

표현은 간결하지만, 상황은 결코 간단치 않은 자신의 체험적 육필을 풍상을 담아내는 깔끔한 절제가 오히려 독자의 가슴을 심란하게 할 정도라고 누군가가 토로하면서 '오히려 수필이야기 회원의 건강을 걱정'하는 고마움도 표시해 왔다.

결국 수필이야기의 감상법은 푸르게(blue) 흘러서(곡천) 새하얗게(화이트) 지샌 자만이 지녀온 지혜인 것만은 분명한 것 같다. 이상은 내가 수필이야기에 입문하면서 느낌을 적었던 내용이다. 이렇듯 나는 수필이야기 7호에 등극하여 중진역을 자처하게 되었고 이제 13호를 엮으면서 이른바 수필이야기 인물풍경을 읊조리게 되었으니 세월은 분명 멈추어 있지 않나 보다.

내가 신인 시인 박양선을 만난 것은 영화평론으로 등단하면서였고 제주가 동향인 나는 두고 온 산야 한 송이 장미를 보듯 그녀를 음미하고 있다.

"나는 그녀가 좋다."

나는 이쯤에서 우리 수필이야기 선배들은 논외로 하고 나를 위시해서 후배들 위주의 인물 풍경을 써 보면 어떨까 생각한 적이 있다. 물론, 뒷맛이 깔끔한 문우들을 대상으로 하여 최근 우린 마음을 서로 나누었던 박양선 시인을 늘 간직하고 있다.

내가 그녀를 좋아한 것은 매년 이맘때면 수필이야기 작품을 내는 대화로 시작한다. 오늘도 오랜만에 채무 독촉하듯 전화를 했더니 그녀는 "아 - 작품 때문이지요?"라고 답하는 정도. 이쯤 되면 내가 그녀가 좋은 이유는 사족이 아니겠는가?

이렇듯 좋아함이 수필이야기 20호까지 이어진다면 내가 몇 살이 되지? 그녀와 더불어 작품에 서로를 확인하는 것은 장수와 정비례하는 것이라… 그 또한 축복이 아닌가?

'나는 수필이야기에 그녀를 추천하였고 그가 펴낸 글에 대해 이렇게 추천의 변을 썼다.'

> 시인 박양선 편 -
> 이탈리아 기호학자, 철학자이며 작가인 옴베르토 에코는 '미니픽션은 한 장의 사진이다'라고 했다는데 시인 박양선은 언어로써 시각적 이미지를 보여 주었다. 멈춰진 시간 속 장마의 끝자락으로 시작하여 단 한줄기 바람이 스쳐 지나가네- 끝나기까지 잠옷 입은 여인의 인체를 형상화한 듯하다.
> 솟을 듯 솟지 않는 나비 떼가 광야의 물빛 따라 정오와 낙엽 사이를 오가며 품고 싶은 곱게 단장한 가을은….

이상 수필이야기 12호에 그녀는 압축과 응축이라는 자필이 '미니문학'의 가장 적절한 요소로 재등장 했다.

이에 그녀는 빨간 백합이란 이름으로 비밀댓글 압축의 의미까지 파고드는 감상 감사하다며 '에코라는 작가에 비유하신 데 대한 책임이 버겁기도 합니다. 얘기하고 싶은 의도를 드러내지 않으면서 드러낸다는 글을 쓴다는 게 제겐 늘 어려움의 극치랍니다. 칭찬은

곧 책임'이라 여겨진다고 털어 놓았던 것이다.

'내가 베로니카의 글을 접한 것은 수필이야기 존재를 알고서 부터이니깐 15년 전인 것 같다. 수필이야기 7집에서 같은 필진으로 서로를 알아 볼 수 있었는데. 역시라는 찬사를 속으로 하였던 사실이 있다. 그러나 마산에 사는 그녀가 서울에 온다는 것은 그녀의 직업이나 여건이 여의치 않아 우린 서로를 마주본 적은 없다. 해서 금번 13호에 한번 만났으면 하는 바람을 실어 보냈다.

'지면에서라도….'

내가 네 눈물을 닦아도 될까?

물론이지요.

뜻 깊게 지켜본 문우로써 이제는 건장한 아들님들과 베로니카 예명처럼 보람된 일 하시는 우리의 자랑스런 님을 언젠가 뵐 수 있을까? 그래서 전날 지면에서라도 뵙고 싶다고 러브콜을 하였지요…. 왕년에는 만나고 싶어했던 여인(?)들도 있있던 소중한 기억을 가지고 있답니다.

그러나 소위 잘나가던 시절, 뒤도 돌아보지 않던 시절, 사그라져 가는 상념 속에 님의 글발에 감탄을 하며 blue회장님께 개인적으로 프로필을 물었던 적도 세월로 쌓여 가네요.

"막동이 여식이 그려 놓은 만화 그림의 공책을 어루만지며 상급학교라도 보냈으면 지가 좋아하는 글쟁이가 되고도 남을 텐데 하고 아주 오래전의 어머니께선 마음 아파하셨다고 합니다." 님은 책을 내며 슬픔처럼 가신 어머니를 그리워했습니다.

저는 님의 독특한 이름에 멈춰섰고 베로니카라는 이름을 늘 사모하며 지켜보았습니다.

그 언젠가 저는 용기를 내어 '내가 네 눈물을 닦아도 될까'에 대한 답신으로 조그마하고 부담되지 않은 꽃다발을 드리고 싶다며 계좌번호를 불러달라고 했지요.

그러나 받은 걸로 하겠노라며 가히 범접할 수 없는 바리게이트를 쳐서 머쓱한 적도 있었음을 고백합니다.

"미소가 선해 눈물로 떠나보낸 당신이 내려다보는 진열대에 위에 조화 분을 얹어 놓았다"는 님이… 수필이야기 13호 다시 청량한 글발로 만날 수 있다면 이 문우는 기쁨이기에 하고 싶은 말 많지만 그만 접겠습니다.

아- 그녀가 누구인지를 글로만이라도 다시 보고 싶다.

'모든 문우들이 예쁜 향이라고 했다. 아마 이쁜 모양이다. 아니 향기가….

내가 그녀의 전화를 받은 것은 임플란트 시술을 위해 어금니를 마취하고 통증이 채 가라앉지 않는 최악의 상태였다. 그런데 이상한 것은 치통이 사라지는 것이 아닌가? 지금도 그 이유는 잘 모른다. 어찌 되었거나 예상치 않은 전화로 자신이 모시는 보스와 동격으로 품격을 갖춘 첫 대화라 그 어떤 향기에 치통의 고통을 잊을 수 있었다는 점이다.

'그녀의 향기를 아시나요?'

보랏빛 컵에 오래전 어린이집 교사할 때 보석스티커로 테를 두른 곳에 싹을 틔웠단다. 수필이야기 10집을 지켜낸 세월을… 그렇게! 그녀의 표현처럼 그건 거대한 숲속(그녀는 연못이라 표현)이 초여름 해질녘에 나란히 걸어가면 낭만적이지만 따가운 햇살이 앞으로의 날들을 두렵다고 토로한 그녀로써 지켜온 세월이기에 blue회장님의 남달리 아끼는 요소인지 모른다.

"가을이면 연꽃이 만발하여 가끔 눈이 부셔서 아지랑이랑 노랭이들이 섞여 보인다. 어쩜 봄=노랑이라고 말하고 싶을까? 자연이 만든 오묘한 색깔에 굳어버린 마음이 풀린다."

"더디 와서 쉬이 가버리던 봄 떠나는 님을 붙잡고 싶어도 기어이 간다던…. 작품 활동하느라… 글 쓰느라 다 써 버리는 것이 아니라 제 직업상…. 저의 대장님은 아직 칠십도 못된 청년이신데 컴으로 만든 건 보고 받기 싫답니다. 덕분에 일주일에 한 개씩 이렇게 펜을 다 써버린답니다."(예쁜 향이는 이렇게 생성되고 소멸하는 모양인가 보다)

답글 |

여전히 예쁜향이이지요. 그때부터 예뻐졌으면 미스코리아에도 나갈 걸 그랬나 봐요^^

이런 재미를… 나는 코스모스다. 하늘 하늘거리며 낙동강 바라보고 싶다. 나룻배 풍악 울리며 사문진 나룻터 저 조그만 물방울 속에 다 갇혀버리게….

누군가가 나에게 물었습니다. 코스모스 향기를 음미해 보았느냐고…. 물론이지요, 샤넬 5 수준이라고 답해 주었죠.

'라경'이라는 필명으로 글을 썼다는 것을 알게 된 것은 수필이야기 연륜으로 보며 나보다 선배인 것 같다. 언제가 덧글에서 고창댁이라며 시골풍경을 전하는 모습에서 구수한 인간미가 묻어나는 것 같아 통성명을 하자며 그녀가 썼다는 '허공에 쉼표 하나'를 요청하면서 그녀의 내심을 들여다보기 시작했다.

아무나 흙 속에서 진주를 캘 수 있나?

요즘 시골은 목이 탑니다.

가물어도 너무 가물어서 온갖 작물들이 바짝바짝 타들어가고 있어요.

그녀는 시골의 '사실적 풍경'을 예명(라경)답게 전했다.

지난 2월, 담근 간장에서 푹 퍼진 메주를 꺼내 메주콩도 더 삶아 넣고 고추씨가루도 넣고 메주가루도 넣고 어깨 아프게 치대서 맛난 된장으로 변신시켰답니다.

'항아리에 착착 눌러 담는 고창댁입니다'라고 토색적 인사를 잃지 않은 그녀가 육필로 썼다는 '허공에 쉼표 하나.' 궁금해진 이유다.

아침 차례 놓는 이야기들로 전원을 전한 그녀는 "오매 언능 타시요잉, 근디 신송댁은 안 타는개비네잉." "아따 서울 간다고 오늘…." 고창댁은 구수한 전원을 이렇게 몸으로 써내려 간다.

본명 육금숙이란 작가는 그 이름대로 땀의 생활로 채워져 알토란같다는 느낌을 주고 있어 풋풋한 인간미를 느끼게 한다.

그녀의 땀의 공간 시골 풍경 읍내 곡식가게에서 콩 20킬로를 사왔다며 집에 있는 크고 작은 솥단지 세 개를 전부 꺼내 화덕에 올려 씻은 콩을 안치고 일주일 전부터 하나씩 준비해온 김장, 금요일 오전, 아들과 조카애가 도착하자마자 삼겹살 구워 점심을 먹이고는 바로 배추를 뽑았다.

포기수로는 거의 이번 주말에는 저희집 양가 가족들의 대대적인 김장 축제가 있답니다. 돌쇠의 동생들, 마님의 동생들이 모두 모여 한바탕 잔치를 합니다.(더워도 밤하늘은 맑아서 무수히 많은 별들이 쏟아질 듯한 시골의 깊은 밤입니다.)

유지순 님의 「곤줄박이야 어쩌지」를 읽고 시골생활이 그대로 눈앞에 보이는 듯해 흥미를 가지고 잘 읽었다며. 글 속에 들어있는 양봉의 큰 수고로움, 시골살이의 잔잔한 재미, 계절 바뀜을 유유상종으로 음미한 그녀가 제2의 펄벅이 되려나 보다.

남정욱 님의 「긴 그리움」 표현처럼 4계를 수필이야기 "여러분 모두 건강 유의하시기를 바랍니다?"며 따스한 인사를 잃지 않은 그녀는 오늘도 흙속에 진주를 캐고 있는 것이다.

나는 이들에게서 수필이야기의 25년 성상을 지켜낸 거목들의 산과 골, 그리고 새싹을 보았다. 나는 푸른 숲속의 부나방이 되어 서툰 날갯짓을 하고 있으면 되는 것이리라. 숲은 잠들지 않고 거친 숨소리 한 번 없이 4반세기 이렇게 지켜온 응집력과 이를 품어 안고 있는 blue 회장님의 카리스마! 이렇듯 나의 수필이야기 데뷔는 차세대들의 숲을 지키는 메신저가 되는 것 외 무엇이 더 있겠는가?

사랑하는 여인들이 있었네

5년 전 우연히 들른 문학카페 「수필이야기」에서 나는 작가(연인)들을 개성별로 만날 수 있는 행운을 얻었다. 그래서 지난 5년 세월이 만만치 않은 글다짐으로 이어졌다는 자평을 한다.

이곳 풍광은 가장 처음 인사를 건넨 산골짜기님이(손채린) 이름처럼 가파른 산세와 개성의 골을 이루고 있고, 이른 새벽안개를 강열한 붓 터치와 코발트색의 절묘한 색감으로 어우러진 숲속을 걷는 여인들의 뒷모습을 화폭에 담은 재원님(정소희)은 마치 멕시코 여류 화가 프리다 칼로가 빚어낸 채색 같은 것이어서 화려함이나 그 어떤 성향에 비견할 수는 없지만 회원 중 유일한 화가이기도 해서 화폭에 숲 이야기를 그려낸 열정은 문학과 더불어 그 역량을 짐작하게 한다.

또한 카페지기 blue3456(조윤정)의 글은 버지니아 울프의 독특한 의식의 흐름으로 이해한다. 그녀가 이미지 상으로 마음먹고 쓴 것 같은 「델리카토」는 악보에서, 우아하고 섬세하게 연주하란 뜻 외는 알 수 없지만 「뜬금없는 기억들」을 통해 뿜어낸 반어적 표현은 가히 울프류의 성향을 연상케 하는 대목들로 가득하다. 「누가 버지니아 울프를 두려워하랴」 영화나 박인환의 시 「목마와 숙녀」의 구절에 등장하는 버지니아 울프는 우리에겐 난해함으로 알려져 있다. 나는 학부 때 난해하기로 유명한 '델러웨이 부인'을 통해 의식의 흐름을 접할 수 있었는데 다시금 blue를 통해 막연했던 의식의 흐름을 재확인할 수 있었던 것이다.

땅 만큼은 절대 배신하지 않을 거라는 종교 같은 믿음으로 여주를 택한 여인. 펄벅을 가장 좋아한다고 털어놓은 지혜님(유지순)은 내가 사랑하는 연상의 여인이다.

펄벅이 1930년에 집필했다는 「대지」- 30여 개국 이상의 언어로 번역되고 지금까지도 영원한 스테디셀러로 자리 잡고 있는 「대지」를 자신의 작품과 생의 토양으로 접목한 삶. 그녀 자신이 대지를 닮았다. 내가 그녀를 연상의 여인이자 수필이야기 멘토로 공감을 같이 해온 것은 그녀만이 풍기는 흙냄새 때문이다. 그녀가 여주라는 토양에 천착하며 그곳에서 양봉으로 꿀벌이 나누어 주는 최고의 선물을 전하는 손을 잡을 때면 젖 냄새를 풍겼던 어머니 가슴에 안기는 기분이고 달고 짜릿한 꿀 특유의 맛과 향은 사랑하는 연인에게서나 느낄 수 있는 아득함이 있어 마냥 취하고 싶은 달뜨는 마음이다.

'에밀리 브론테'는 확실히 시대를 앞서간 작가였다. 한 편의 소설을 통하여 깨진 사랑의 비극성을 극적으로 그려낸 문학작품, 본능에 속하는 사랑이라는 감정을 아름답게 지키려고 몸부림 친 여인 브론테를 화이트님(정종숙)에게 대비시키게 된 이유는 무엇 일까? 그녀가 1847년에 발표한 「폭풍의 언덕」이 드라마틱함과 화이트님이 풍기는 '바람'같은 매력이 잘 매칭 되었기 때문이다. 무명작가 브론테가 이 소설을 발표했을 때 영국 독서 계는 냉담했다고 한다 - 단 두 권 밖에 팔리지 않을 정도로. 다음해에 그녀는 슬픔과 지병으로 죽었으나 이 작품은 그녀가 죽고 50년이 지난 지금은 세계적으로 주목 받는 명작의 반열에 올랐지 않은가? 바람의 원조라는 화이트가 하얀 웃음으로 브론테처럼 때를 기다리고 있는지 모를 일이다.

시몬느 드 보봐르 & 장 폴 사르트르! '여자는 태어나는 게 아니라 만들어지는 것이다.' '사랑은 필연이지만 우연적인 사랑도 필요하다.' 식의 도도한 연지님의 당당함은 계약결혼으로 사회적 파문을 일으키며 관습화된 여성상에 반기를 들어 '제2의 성'으로 인식시킨 여인 '시몬느 드 보봐르'를 강렬하게 느끼게 한다. 존 스튜

어트 밀이 자유주의자의 입장에서, 베벨이 사회주의자의 입장에서 '여성론'에 접근했다면 보봐르는 실존주의의 입장에서 '인간의 자유'를 축으로 여성론을 주장했던 것처럼 내가 연지를 본능적 자아를 벗어던진 가장 포괄적의 '여성론자'라고 평하는 이유는 강렬한 레드의 입술 때문만은 아니다.

로댕의 연인, 여성예술가의 비극적 사랑을 담은 영화 「까미유 끌로델」은 남성 중심의 사회 속에서 여성에 대한 편견에 저항하며 주체성을 추구한 여성이자 예술가의 면모와 비극적인 사랑으로 고통스러워하는 인간의 모습에 초점을 맞추고 있었다. 내가 소소리 출판사 우희정 대표를 「까미유 끌로델」로 대비 시킨 이유는 그녀의 빼어난 조각적 편집능력 때문이다. 「부창민의 영화이야기」를 놀라운 솜씨로 레이아웃 하였는데 수필이야기 오솔길이란 공간에 올려놓은 글들을 그녀는 조각하듯 다듬었고 이를 blue3456가 감수하여 작품이 되었던 것이다.

주여, 때가 왔습니다. 지난여름은 참으로 길었습니다. 해시계 위에 당신의 그림자를 얹으십시오. 들에다 많은 바람을 놓으십시오. (중략) 장미 가시에 찔려 죽은 詩人 라이너 마리아 릴케의 시를 음미하면서 떠오른 이름 로이스(손정자). 릴케의 죽음에 대한 이야기는 얼핏 듣기에 낭만적이다. 그녀는 수필이야기 11집 '용서'에서 릴케가 최후로 남긴 유언에 반응하듯, blue3456이 '용서'는 다중 인격자의 부산물이라 정의한데 대해 조용하면서 단호한 결론으로 용서하고 있었다.

화려한 문체 에코의 지적 흐름을 따라가기만 해도 가슴이 벅차오르는 느낌이 드는 것이 옴베르트 에코이다. 장미의 이름이나 백합의 이름이 같은 이미지는 매혹적이다. 빨간 백합(박양선) 에코를 떠올린 것은 그녀의 수필이야기 11호에 만만치 않게 던진 시어들로 화려한 데뷔를 했다는 점이다.

"언제 웃었는지 기억이 나지 않아요. 어디서 웃음을 잃어버렸는지 기억이 나지 않아요."

잃은 것이 아니라 얻은 것이 아닐까?

시선이 머무는 곳

2017년 3월 7일(화) 유동열 목사(목동소재 예광교회 담임목사)는 수필이야기(회장 조윤정) 신입회원으로 가입하여 회원들을 초대하여 예배까지 집도하였을 때 나는 다음과 같이 기도함으로써 평소 수필이야기 회원들에게로 향한 마음을 전한 바 있다.

사랑의 주님! 제게 주신 기도의 순간, 이 특별한 시간 - 매순간마다 어눌한 말씀의 시어들로 이 기도를 채워 넣습니다. 기도는 호흡이라 했는데 어느새 들꽃향처럼 피어서 당신을 기다리고 있습니다. 이기심 없는 마음꽃이 노을로 타는 우리들의 시간이 되게 하옵소서. 지나온 세월, 주님을 항상 같이 하사 당신의 불꽃같은 눈동자로 지켜 주심을 오늘 또한 굳건한 오른팔로 붙들어 주심으로 외로운 나무가 숲을 이루었음을 고백합니다. 초록 싹이 붉게 타는 산과 골짜기를 타고 이제 아름다운 노을로 다가오게 하시니 감사합니다. 연민은 없어지고 돌아오지 않는 메아리만 남은 우리들의 글귀가 되어 뜬금없는 기억으로 다가올 때 매구절마다에서 우리는 당신의 목소리를 듣습니다. 그 목소리가 되어 오늘도 당신을 부릅니다.

사랑의 주님 !

새생명 움틈 속에 부활의 선포를 알리시고 푸른 창고 쉴만한 곳, 하늘 집이 있음을 알게 하셔 미로와 같은 인생길- 주님 손잡고 걸어가게 하시니 감사합니다. 말씀의 장마다 주님 뵙게 하시고 말씀의 내용마다 목마른 주님의 음성에 응답하게 하옵소서. 성경 갈피마다 십자가의 성혈로 사랑하며, 일하며, 하나 되게 하옵소서. 코발트색 푸른 숲에 부드러운 햇살로 응답하시어 그 숲의 역사는 한 타스를 채우고 농익은 햇살을 받아 이제 햇과일처럼 당신의 나무에서 내가 열리는 날을 잠시 헤아려 보는 아주 특별한 기도가 되게 하시니 감사 합니다. 빛바랜 수필이야기 속에 숨어 아주 오랜 전설이 되어 주님과 동행한 삶으로 빛나게 하옵소서. 문우들의 시어가 추억으로 반추된 한 장의 풀잎에서 붉은 피 흐른 당신의 손을 봅니다. 파열된 심장처럼 아프디 아픈 그 사랑을 읽습니다. 당신을 기억할 때마다 내 마음은 불붙는 단풍 숲, 누구도 꿈꿀 수 없는 수필이야기입니다. 당신이 그리울 때마다 내 마음은 열리는 푸른 하늘. 그 누구도 닫지 못하는 푸른 하늘입니다.

사랑의 주님 !

'네가 보고 싶었어'라고 말하는 이의 눈 속에 출렁이는 그림 한 점, 샤갈의 '푸른 장미', '너를 사랑해'라고 말하는 이의 목소리 속에 조용히 흔들리는 선율, 내가 이런 모든 것을 느끼도록 해 주신 당신의 크신 얼굴이 더 크게 다가오는 이 시간이 되게 하소서. 오늘은 가장 깊고 낮은 목소리로 당신을 부르게 해 주시니 감사 합니다. 마리아의 비통한 가슴에 꽂힌 한 자락의 어둠으로 흐느끼게 하시고 배신의 죄를 슬피 울던 베드로의 절절한 통곡처럼 당신 앞에 겸허한 어둠으로 엎드리게 하소서. 죽음의 쓴잔을 마셔 죽음보다 강해진 사랑의 주님. 당신을 닮지 않고서는 내가 감히 사랑한다고 뽐내지 말게 하소서. 빛이신 당신과 함께 잠들어 당신과 함께 깨어날 한 점 눈부신 어둠이게 하소서. 그리하여, 푸른 숲에서 버지아 울프를 만나고 펄벅과 대화하며 프론테의 서늘한 바람을 맞으며 칼로가 그린 산과 숲, 영성 깊은 로이스와 라경의 육필수기, 끝 간 데 없는 그 향기를 맡게 하소서. 오늘은 무신론자를 자처한 프리데릭 니체라는 남샘의 기쁜 발걸음을 인도하여 주심을 감사합니다. 시종을 같이 해주신 예수그리스도의 이름으로 기도 드렸습니다. 아멘.

이날 예광교회 유동열 목사는 다음과 같은 설교를 하였다.

모든 민족에게 전할 영원한 복음(계14:6-7)

밧모섬에 유배된 사도 요한의 소개-당시 로마황제인 도미티안 황제는 81-96년까지 기독교를 대대적으로 핍박했던 인물로서 요한도 이때에 유배를 당하였다. 요한이 교회가 영원히 전해야할 복음은 무엇일까?

복음이란 한문으로 복된 소리이고 영어로 가스펠 즉 하나님의 말씀이다. 성경이 헬라어로 기록이 되어 있는데 헬라어로는 유앙겔리온이라고 하는데 좋은 소식이라는 뜻을 가지고 있다. 교회가 꼭 전해야할 복음은 무엇인가?

첫째, 하나님을 경외하라는 것이다.

본문에 두려워하고 영광을 돌리라고 하였는데 이 말을 경외 즉 공경하고 두려워하라는 의미이다. 좀 더 쉬운 말로 정리하면 어려워하라는 말이다. 어느 정도의 선을 지키는 것을 말한다.

둘째, 심판이 있다는 것이다.

우리도 세상을 살면서 가지 평가를 하고 결산을 하는 것처럼 하나님께서는 마지막에 심판을 해서 잘한 사람은 상을 주신다는 것이다. 대통령도 임기가 끝나면 평가를 받고 국회의원들도 마찬가지이다. 하나님의 심판을 무시하고 있기 때문에 오늘날 많은 사람들이 하나님 없는 삶을 살고 있는 것이다.

셋째, 창조주 하나님을 경배하라는 것이다.

성경은 우주만물의 기원을 설명하는데 하나님께서 창조하셨다고 가르쳐주고 있다. 21세기가 되면서 창조가 거센 도전을 받고 있다. 진화론으로는 설명이 안 되고 입증이 안 되는 부분이 너무도 많다는 것은 모두가 알고 있는 것이다. 인간이 어떻게 존재하게 되었는가를 알지 못한 채 인류역사가 쌓이고 있는 것은 불행한 일이다. '창조주 하나님을 향해 예배하는 것이 교회가 전해야할 복음인 것이다'라고 간단하면서 함축된 설교로 회원들에게 공감을 시현했다.

수필이야기 회원들과 가진 이날 예배는 하나님을 경험할 수 있는 매우 중요한 시간이었다. 하나님께서 받으시는 예배는 요4:24에서 말하고 있는 것처럼 영과 진리 안에서 드리는 것이 아닌가? 즉 성령과 진리인 예수님 안에서 예배하는 값진 시간을 가졌던 것이다.

그리스도인 지도자의 경우 우리는 특히 그를 가리켜 '영적인 지도자(spiritual leader)'라고 부른다.

일찍이 예레미야 선지자는 그 시대의 한 지도자에게 '네가 너를 위하여 대사를 경영하느냐 그것을 경영하지 말라. 보라 내가 모든 육체에게 재앙을 내리리라(렘 45:5)'고 경고했다.

시편 기자도 '여호와여 영광을 우리에게 돌리지 마옵소서 우리에게 돌리지 마옵소서 오직 주의 인자하심과 진실하심을 인하여 주의 이름에 돌리소서(시 115:1)'라고 기도하지 않았던가?

지나간 구약시대의 지도자 느헤미야는 설교자도 전도자도 아니었음에도 우리는 영적 지도력을 말할 때마다 그를 천거하는 이유는 무엇인가? 그것은 분명 그가 어떤 모습으로 봉사를 했느냐가 아니라 그가 원했던 사역의 동기와 태도, 그리고 그 목표 때문에 그는 영적 지도자의 반열에 들어설 수가 있었던 것이다.

역사의 현장을 떠난 곳에 기도는 설 자리가 없고 역사의식 없이 올바른 상황을 인식할 수 없다. 기도의 사람은 우리가 처해 있는 '그 현실에 응답하는 사람들(people responding to reality)'이기에 유동렬 목사의 기도의 눈물도 역사적 현실에 대한 '지각(知覺)의 눈물'이었으면 한다.

그는 하나님의 눈과 마음이 항상 머무는 곳(역대하 7:11~18) 주님의 주신 이정표 '예광교회'라 하여 목회를 시작하였다. 이제 성경의 기록한 것처럼 수많은 약속과 사건 현장 속 놀라운 이적의 역사가 그의 목멘 기도에 의해 응답 받을 차례인 것 같다.

암 살

영화의 시대적 배경은 1933년. 대한민국 임시정부는 1920년대 후반부터 힘든 시기, 김구는 1931년 좀 더 적극적인 항일 투쟁을 위해 특무 조직인 한인애국단을 조직한다. 1932년 동경에서 이봉창이 천황에게 폭탄을 던졌으나, 암살에 실패한 사건이 있었고, 이덕주와 유진식의 조선총독 암살 기도, 유상근과 최흥식의 관동군 사령관 암살 시도 등을 주도했다. 이어 홍구 공원에서 윤봉길 의사의 물병 폭탄 투척 사건으로 일본군 고관들을 암살하는데 성공했다.

의열단은 1920년 신흥무관학교 출신들이 중심이 되어 항일 무력 독립운동을 펼치기 위해 결성한 비밀 결사단체였다. 국제연맹에 의한 신탁통치를 제안한 이승만과 외교나 선전과 같은 미온적인 활동에만 매진하던 임시정부에 실망한 데서 출발한 극좌 아나키스트 단체. 이들은 적 기관 5개소(조선총독부, 동양척식주식회사, 매일신보사, 경찰서, 기타 중요 기관) 파괴와 7악(총독부 고문, 군 수뇌, 대만 총독, 친일파 거물, 밀정, 반민족적 토호, 열신) 암살을 목표로 내걸고 20년대 내내 폭력투쟁을 전개했다. 부산 경찰서, 밀양 경찰서, 조선 총독부 청사 등에 폭탄을 투척하고, 상해 황포탄 세관 부두에서 육군대장 다나카 기이치 저격을 시도하는 등 의열단원들은 목숨을 걸고 싸웠다.

의열단 단장인 김원봉은 1926년 의열단의 잠정적 해체를 선언하고, 단원 24명이 광저우 황푸 군관학교에 입교한다. 김원봉은 이듬해 졸업 후에 중국군 소위로 복무했다. 비록 임정과 의열단은 이념이 달랐지만, 김구는 의열단의 희생정신에 크게 감명 받았고, 31년 한인애국단을 조직하는 계기로 삼았다 한다.

의열단 공약 10조는 참으로 비장하고 결의에 차 있다. 내가 암살을 관람하면서 마치 의열단이 된 것처럼, 숨죽이며 음미한 대목은 차라리 혈서로 민족 앞에 생명을 내던지는 그들에게 내 자신이 부끄러울 정도였다.

그 어떤 상황, 시기에도 10개항의 조항은 마치 십계명처럼, 반드시 지켜야할 언약이고 그들의 최후까지 마음에 간직한 부르짖음 같은 것이었다.

1. 천하에 정의로운 일을 맹렬히 실행하기로 한다.

2. 조선의 독립과 세계 만인의 평등을 위하여 신명을 바쳐 희생하기로 한다.
3. 충의의 기백과 희생정신이 확고한 자라야 단원이 될 수 있다.
4. 단의를 우선하고 단원의 의를 급히 한다.
5. 의백 1인을 선출하여 단체를 대표하게 한다.
6. 어떤 시간, 어떤 곳에서든 매일 1차씩 사정을 보고케 한다.
7. 어떤 시간, 어떤 곳에서든 초회에는 필히 응한다.
8. 죽음을 피하지 아니하여 단의에 뜻을 다한다.
9. 일이 구를 위하여 구가 일을 위하여 헌신한다.
10. 단의를 배반한 자는 학살한다.

암살이라는 명으로 영화가 방영되면서 의열단의 지상목표는 대적하는 일제에 앞에 나라를 팔고 민족을 배신한자를 향한 총뿌리에서 비장감을 더하고 있었다.

의열단이 찾아내어 반드시 죽여야 할 7가지 대상들은 7이라는 행운의 숫자에 맞춘 것은 다소 역설적이다.

1. 조선총독부 총독 이하 고관
2. 주조선 일본군 주둔군 수뇌
3. 대만총독부 총독과 대만총독부 고관
4. 매국적
5. 친일파 거두
6. 적의 밀정

7. 반민족적 귀족 및 대지주

당시 장개석(장제스)마저, '조선이 독립하지 못하면 중국의 독립도 완성하지 못하게 되고 동아시아와 세계 평화도 확보하지 못할 것이므로 국민당은 조선독립에 전력을 다해 원조하겠다.'고 할 정도였으니 일본의 야심은 국제적으로도 지탄의 대상이 되었던 것이다.

내가 영화 '암살'을 관람한 것은 광복절이었던 지난 8월 15일에 천만 관객을 돌파했다는 종편 자막이 알리고 나서였다. 물론, 암살이라는 영화 제목의 상징성은 그만한 기록을 세우고도 남을 일이지만, 광복 70주년이라는 의미가 더해지면서 '암살'의 천만 돌파는 여러 측면에서 주목을 끌기에 충분했다.

한 영화평론가는 '500만 명까지는 영화의 힘으로 가고, 500만 명 이상은 흥행의 힘으로 간다.'는 말이 있다고 전할 정도였지만, 영화내용의 담고 있는 비장감으로 하여 이 영화는 흥행이 흥행을 견인하는 승수효과가 더해진 것이리라.

대체로 한국영화가 천만을 넘기는 것은 상술에서 통용되는 소위 대박을 터뜨렸다는 차원을 넘어 하나의 사회적 현상이라는 분석이고 이심선심으로 이 내열에 끼지 못하면 소외되는 느낌마저 들게 했다면 분명 이 영화는 담론으로 고양됐다는 의미이상의 평가를 낳았다 할 수 있다.

한 역사 심리학자는 이 영화의 진가를 이 시대를 살아가는 대중의 집단 무의식 속에 잠복해 있는 역사적 부채감이라는 평을 내놓기도 했다. 결국 암살이라는 영화가 엄청난 흥행세로 탄력을 받은 것은 청산되지 않은 친일파에 대한 원망이 광범위한 접점을 만들어냈다는 것. 그렇다면 영화 '암살'은 이 시대의 문제의 제기를 한 측면을 간과해서는 안 된다는 평이다.

다시 영화 '암살'로 돌아가 보자. 당시 친일파를 제거하기 위해 파견된 안옥윤(전지현 분) 등 세 명의 암살조의 활약은 대중 오락영화적인 호흡으로 담아내고 있지만 그건 영화적 요소에 불과하고 그냥 웃고 넘어갈 일이 아니라, 이 장면 하나하나에 숨죽여할 대목을 음미해 보아야할 대목이 아닐까 생각한다.

이 영화 속에서 조승우가 연기한 김원봉이라는 인물에 대해 우린 잘 모르고 지내온 것이 사실이다. 그러나 단역으로 잠깐 출연한 김원봉에 대한 현상금은 역대 독립운동가들 중 최고의 현상금이 걸렸던 인물이다. 그의 현상금은 100만원(현재 약 320억 원)으로 테러리스트 빈 라덴에게 540억 원이란 현상금이 걸리기 전까지 역사상 세계 가장 높은 현상금이었다 한다. 당시 조선호텔이 120만 원 정도로 건축되었다 하니 그의 몸값 비중이 얼마였나를 알 수 있겠다.

일제는 당시 김구에게 60만원, 김일성(김성주)은 처음에는 이천원(나중에 2만원)을 걸었다 한다. 김원봉의 이처럼 김일성보다 50배

높은 비중을 두었다면 김일성은 좀도둑 정도 인물로 여긴데 비해 김원봉의 단장으로 의열단을 조종해온 그의 역할에 대해 조국은 그에게 너무나 많은 빚을 지고 있는 셈이다. 이로써 그에 대한 관심도는 암살 후속편을 기다릴 정도가 되었다.

영화 속에 등장하는 김구 선생이야 우리 역사의 굵직한 인물로 많은 국민이 알고 있지만, 약산 김원봉은 해방 이후 김구와 함께 통일 조국을 위한 남북 협상에 참여했다가 북한에 남아 북한 노동상과 최고인민위원회 상임위원회 부위원장까지 지냈으니 반공을 국시로 삼았던 남한에서 그의 독립 투쟁 활동이 평가절하 될 수밖에 없었던건 어쩌면 이데올로기의 희생양이 된 셈이다. 어쨌든 김원봉은 1958년 북한 정권에 의해 숙청당하게 되니, 독립투사들이 받은 대우는 남과 북이 크게 다르지 않다는 생각에 씁쓸해지는 대목이 아닐 수 없다.

영화 '암살'을 통해 뒤늦게나마 김원봉이 재조명을 받는 것은 분명 환영할만한 일이나 이 영화의 마지막 시퀀스에 등장하는 염석진(이정재분)에 대한 안옥윤의 응징을 위한 배경(다리에 총상)정도이었으니 반민 특위가 어떤 활동을 한 단체인지에 대한 상세한 설명을 하지 않고 있기 때문에 아쉬움을 남겼다.

사회적 담론으로 재조명되어야할 이른바 '반민족행위특별조사위원회'는 해방 이후 친일파 인사들에 대한 청산을 목적으로 조직된 단체였으나 반민특위를 사실상 해체한 인물은 당시 남한의 대통령으로 취임한 이승만이었고 미군정의 지원을 등에 업고 권력을 쥔 이승만은 친일 인사들을 대거 기용했으며 반민특위를 무력화함으로써, 그들이 다시 활개를 칠 수 있는 길을 열어주었다. 한국 현대사의 첫 단추가 잘못 끼어진 원통한 순간이 아닐 수 없다.

뉴스타파가 광복 70주년을 기념해 마련한 '친일과 망각'이라는 특집을 통해서도 친일파와 그 후손들이 어떻게 남한 사회에서 호의호식하며 권력을 유지해 왔는지를 확인할 수 있다. 그리고 그 단초는, 상대적으로 반민특위의 실패에서 비롯된다.

청산은 기억을 담보로 완성된다. 김원봉처럼 잊혔던 영웅을 다시 불러내는 것만큼이나 왜 이 나라가 여전히 기회주의자들이 현존해있고 권력 상층부에 앉아 있는지 그 이유 역시 정확하게 직시해야 할 숙제를 남기고 있다. 영화 '암살'을 통해 거기까지 사회적 담론이 전진하지 못하는 것 역시 아쉽고 해방된 지 70년이 된 이 시점에서도 반민특위 실패의 후유증이 남아 있다는 것은 더욱 아픈 현실이 되고 말았다.

존재양식을 묻는 심리극

'밀정'은 일제강점기 의열단을 소재한 영화라 박진감이 있을 스펙파클로 티켓을 끊었다. 일제강점기와 의열단이라는 키워드에서 영화 '암살'을 연상한 건 비단 나만은 아닌 거의 관람한 대다수 생각이었다.

'밀정'이 스파이(첩자)라는 뜻이므로, '무간도'나 '신세계' 같은 언더커버의 존재를 쫓는 첩보스릴러 영화를 연상한 사람도 있었을 것이다. '밀정'은 '암살'처럼 일제강점기의 사건들을 허구적으로 재배치하여 장르적 재미와 쾌감을 극대화한 영화도 아니고, '무간도'처럼 스릴러의 긴장미가 쫄깃한 영화도 아니다. 밀정의 존재는 처음부터 공개되어 있고, 숨어있던 밀정은 특별한 존재별 임팩트가 없다. 이런 관객에게 '밀정'은 과히 재미있는 영화가 못 된다.

애당초 나는 스릴러 쪽이 아니고 심리물에 관심이 많다. 그런 측면에 나에겐 '밀정'은 재미있는 영화다. 이와 같이 나의 감상 포인트는 내면적인 면에 관심과 시각이 가 있기 때문에 '밀정'은 '암살'보다 실제 사건에 근거를 둔 실제 역사에 근접한 재현을 하고 있다는 점이다. '밀정'은 스파이의 존재를 찾고 감추는 숨바꼭질이 아니라 '밀정이자 밀정이 아닌 한 인간'의 이른바 간과 쓸개를 오가는 인간 내면의 나약성을 보여주는 심리극에 가깝다.

'밀정'은 광폭한 시절, 한 인간의 변절과 전향을 통해 경계를 넘나들던 나약한 인물의 가차 없이 흔들림에 대한 짙은 질문을 던진다. 영화 속 인물은 "다음에 만났을 땐 내가 어떻게 변해 있을지 모른다"고 스스로 말한다. 그건 '자신을 어떻다'라고 말할 수 없는 스스로의 질문이기 때문인지 모른다. 매순간 흔들리는 그는 자신조차 어디에 서 있을지 알 수 없을 것이니까. 밀정 속 이정출(송강호 분)을 중심에 두고 말하려는 것은 '변절은 언제, 어떻게, 표현되어 지는가'이다.

좀 더 솔식히 지금껏 친일파와 독립운동가는 태생적으로 존재하는 선악의 두 정점에서 설정되어 그려졌을 뿐, 어떤 계기와 과정을 거쳐 그리 되었는지 말해지지 못했다는 한계를 안고 있다. 그 결과 역설적이게도 친일파들에게 면죄부가 돌아가 이완용이 후예가 대법원을 상대로 상속재산 싸움을 벌이고 반대로 독립운동가들은 그 시대는 훌륭한 사람들로 추앙되고 표상되는 상징성은 있었으나 작금의 현실은 후예가 기초수급자로 전락한 경우를 쉽게 만날 수 있다.

영화의 '밀정'은 임시정부에 참여했다가 친일경찰이 되고 다시 의열단과 맞닥뜨리면서 선택의 극점에 놓이는 이정출을 통해 지극히 현실논리에 밝은 개인이 어떤 이유로 변절과 전향을 거듭하게 되는지를 극명하게 보여준다. 어느 시대이든 영화의 인물처럼 친일부역 행위 역시 끊임없는 선택과 판단의 기로에 서는 인간의 모습을 매순간 어떤 이유로 어떤 판단을 내리는지 계속 문제를 제기하는 장면을 보여준다. 이로써 연출하는 인물을 통해 느끼는 갈등, 당시 대다수 사람들이 느끼는 고민을 극대화시켜서 보여주는 의미를 지니게 하는 심리극에 가깝다.

사람은 자신을 믿어주는 사람을 위해 목숨을 바친다. 삼국지에 나오는 말이다. 변절과 전향을 단순히 풍자적으로 스케치하는 것이 아니라, 본질을 깊이 파고드는 영화라는 관점에서 '밀정'의 중요한 점은 주인공이 보여주는 변절과 전향이 어떤 논리와 심리에 의해 일어나는지를 납득시키려는 데 있는 듯하다. 가령 '타인의 삶'은 악질 비밀경찰이 왜, 어느 순간에, 무엇을 계기로 전향하게 되었는지 밀도 있는 설명을 하지 못했으나 대체로 '밀정'은 그것을 납득시키는데 진전을 보았다는 평이다. 물론 그 성공의 절반은 송강호라는 걸출한 배우의 심리표현에 의한 것이지만, 영화의 시나리오와 플롯도 상당한 기여를 한 것은 분명하다.

이쯤해서 인간내면 구조를 탐색해 보자, 영화는 이정출의 세 대사로 주제를 함축할 수 있겠다.

첫째는 조선이라는 지역공간에 대한 '독립이 되느냐, 아니냐'라는 정체성에 대한 물음이다. 조선이 독립할 것 같지 않다고 전망한 그는 임시정부에 합류했던 사람이지만, 친구들을 배신하고 변절하여 친일경찰이 되었다. '암살'의 염석진(이정재 분)의 배신도 같은 이유였다. 일제강점기 초기에 독립운동을 했던 사람들 중 상당수가 만주사변 이후 변절하였던 것처럼, 일제는 점점 더 강대국이 되어 가고 있었고, 조선 독립은 점점 더 가망이 없어보였기 때문이다. 조선의 독립과 자신의 자아실현이 같이 갈 수 있을 것 같은 일말의 가능성이 보였을 때의 태도와 전혀 다른 행동추이를 보이고 있는 것이다.

둘째는 "사람은 자신의 믿어주는 사람을 위해 목숨을 바친다."이고, 반대로 자신을 불신하는 사람을 위해선 목숨을 바칠 수는 없는 것이다. 결국 그는 자신을 믿어주는 사람들의 편에 섰다.

셋째, 김장옥의 발가락은 가볍다. 그리고 연계순의 시신은 작다. 이것은 무엇을 의미하는가. 영화에서 이정출의 감정이 가장 고조되는 지점은 연계순과 만나는 순간이다. 히가시는 이정출의 충성을 시험하기 위해 연계순의 고문을 명한다. 친일경찰로 산전수전 다 겪은 그이지만, 몸서리 칠만큼 잔혹한 명령에 그의 영혼이 잠시 흔들린다. '이렇게까지 해야 하나. 저들의 충성스러운 개가 된다는 것은 이토록 잔인함을 증명하는 일일까.' 그 순간 그의 영혼의 일부가 부서졌을 것이다.

그러나 그는 생각을 밀어낸다. 손을 씻어 내듯, 잊어버리려 한다. 김우진에게 폭탄을 건네받아 보관하고 있으면서 재판에 끌려나와 "나는 경찰로서의 첩보임무를 다했을 뿐이요, 승진 시켜준다는 말을 믿었다"는 말로 좌중의 야유를 받을 때도, 그의 의중이 무엇인지는 불확실하다. 아마 몇 가지 마음이 공존했을 것이다. 히가시로부터 버림을 받았다는 억울함, 일단은 무죄함을 주장하여 살고 봐야겠다는 생존본능, 정말로 살아나가서 후일을 도모해야 한다는 생각 등등이 그 순간에 스쳤겠지만, 그 이후 정말 무엇을 할 것인지는 자신도 모르고 있었을 것이다.

이정출에게 김장옥은 "쥐와 인간은 함께 살수 없다"는 말을 남기고 자결하였다. 그동안 이정출을 지배한 것은 "조선인은 굴복하거나 죽음을 택할 수밖에 없다"는 히가시의 말이었으나, 그는 이제 쥐가 되거나 사람이 되는 것을 택해야 했다. 셰익스피어의 '죽느냐, 사느냐 이것이 문제다'처럼.

영화는 이정출의 선택을 추동한 것이 신념이 아니라 불신이었다는 점은 흥미롭게 각색한다. 조선독립을 위해 싸웠으나 조선이 독립할 것 같지 않다는 불신, 자신을 알아주는 사람을 위해 충성을 바쳐 왔으나 그들이 자신을 믿지 못한다는 불신, 그리고 인간이라는 것이 대단히 무거운 이념과 욕망으로 가득 찬 존재인 줄 알았는데 그저 김장옥이 남긴 발가락이나 연계순의 시신처럼 작고 가

벼운 실존만 남는다는 어떤 깨달음.

여기서 김원봉의 증언을 보자. 구보 박태원이 정리하여 해방직 후 출간한 책 『약산과 의열단』에는 황옥은 독립운동가가 맞고, 재판에서 이를 부인한 이유는 전술의 노출을 막기 위함이었다고 나와 있다. 또한 해방 후 반민특위에서 작성한 밀정 김두형(권상호)의 조사서에도 황옥은 김시현과 함께 애국자로 기록되어 있다. '밀정'은 김동진 기자의 논픽션 '1923 경성을 뒤흔든 사람들'에 기술된 황옥을 토대로 이정출을 재현했다. 그러나 황옥이라는 인물의 애매한 지점들을 그대로 두지 못하고, 출소 후 행적을 가상으로 덧붙임으로써 영화적 판타지를 구현했다는 평이다. 이정출이 마지막 거사를 감행하는 것은 허구이지만, 서사의 완결이라는 점에서 그나마 의미가 있다. 이는 단순한 카타르시스를 넘어서는 문제이기 때문에서 그렇다는 뜻이다.

대 사상가 하이에크

현대인의 필독서이자 이제는 고전이 된 프리드리히 A. 하이에크의 『노예의 길』. 부제목인 '사회주의 계획경제의 진실'이 말해주듯이 이 책은 사회주의의 위험성을 근본부터 파헤치고, 나아가 민주주의의 타락을 막아 번영을 유지하기 위한 해법을 제시했다는 점에 내가 강의 시간에 강조하는 주제이기도 하다.

하이에크는 민주주의 방식으로 사회주의 이상을 실현할 수 있다는 생각이 얼마나 위험한 발상인지를 지적한다. '평등한 사회' '삶의 질적 보장'과 같은 사회주의적 구호는 사회주의로 가는 길을 선의(善意)로 포장되어 있지만 의도와는 달리 정권탈취 수단으로 그 목적이 정당화 될 수 있음을 역사는 보여 주고 있다고 갈파한다.

그가 혁파한 1940년대. 당시는 사회주의가 다양한 형태로 번성하던 시기였다. 독일의 나치, 소련의 공산주의 같은 전체주의임이 분명히 마각을 드러냈다. 이처럼 사회주의로 가는 길은 바로 자유의 길이 아닌 독재와 노예의 길이라는 것.

『노예의 길』은 1944년 3월 영국에서, 그리고 같은 해 9월 미국 시카고대학교 출판부에서 출판되었다. 이 책은 출판과 동시에 6개월 만에 3만 부가 팔려나갔고, 이후 여러 번의 재판을 통해 미국에서만 23만 부 이상이 팔렸다. 20개 이상의 언어로 번역되어 세계적인 베스트셀러로 자리 잡았다. 소련이 몰락하던 시기에는 소련 내 지식인들이 몰래 번역해 돌려보는 일까지 있을 정도로 파급력이 컸다고 한다.

이 책은 유럽에서 나치즘이 극성을 부리던 제2차 세계대전 시기에 저술되었다. 전체주의가 세계를 휩쓸어버릴 것 같던 시기. 문명사회의 희망을 밝히는 한 권의 위대한 책이 탄생한 것이다. 이 책은 전체주의로 변질될 수 있는 사회주의의 위험성을 전 세계에 알려 민주사회가 타락하지 않도록 하는데 큰 기여를 했다.

사회주의의 뿌리는 깊다. 유토피아는 인류가 오랜 기간 품고 있던 환상이었다. 철학자 플라톤은 이상국가를 꿈꾸며 위대한 철인이 나타나 정치를 해야 한다고 외쳤다. '철인군주가 통치하는 완벽한 이상국가'라는 꿈은 사람들을 현혹시키기에 충분했다.

민주사회를 지키는 일은 간단하지도 쉽지도 않다는 측면에서 이 책의 현대적 의미는 무엇일까? 밀턴 프리드먼은 이 책의 출간 50주년 기념판 서문(1994년)에서 '불행하게도, 집단주의에 대한 억제력은 정부의 성장을 억제하지는 못하였다. 오히려 정부의 성장을 다른 방향으로 돌리게 하였다. 정부가 직접 생산 활동을 관리하는 일로부터 사적 기업 활동을 간접적으로 규제하고, 특히 다른 사람에게 주기 위해 일부 사람들로부터 세금을 짜내는 것을 포함하여 소득이전정책을 시행하는 것으로 그 초점이 바뀌었다.

이 모든 것들은 평등과 빈곤의 퇴치라는 이름으로 이루어졌으나 실제에서는 특정 이해집단들에 대한 변덕스럽고 모순되는 잡탕 보조금에 지나지 않았다. 그 결과 국민소득 가운데 정부에 의해 지출되는 부분은 계속 증가하고 있다.'고 지적한다.

오스트리아 비엔나에서 출생한 프리드리히 A. 하이에크는 비엔나대학교에서 법학과 정치경제학 두 분야에서 박사학위를 받았다. 루트비히 폰 미제스의 지도하에 연구를 수행했으며, 1929~1931년까지 비엔나대학교에서 경제학을 강의했다. 1931년 영국으로 옮겨 런던대학교 교수로 지내며 1938년 영국 시민권을 취득하였다.

그는 독일의 전체주의에 환멸을 느껴 영국으로 왔지만, 영국에서도 사회주의가 점차 확산되자 충격을 받는다. 영국에서 벌어지던 사회보장 논쟁이나 공기업화 추진은 이미 독일의 나치당이 정치를 장악하는 과정에서 이용했던 수단이었다. 전체주의의 뿌리가 사회주의이며, 사회주의 정책을 받아들이다보면 그 사회는 점차 전체주의로 빠져들 수 있음을 간파했던 하이에크는 영국과 서방세계가 독일처럼 타락해가는 것을 염려해 『노예의 길』을 집필하게 된다.

하이에크는 서문(1943년 12월)을 통해 이 책이 정치서적임을 밝히면서, '다른 속뜻이 있는 아마추어와 가짜 만병통치약을 팔려는 돌팔이들이 이 문제에 대한 논의를 주도하고 있고, 이에 따른 위험수위가 너무 높아져 여론에 경고음을 울리지 않을 수 없게 되었다.'며 사회주의자에 대한 포문을 열었던 것이다.

뉴욕타임스의 경제편집장이었던 헨리 해즐릿은 '하이에크가 우리 세대의 가장 중요한 책 가운데 하나를 썼다.'고 격찬했고, 전 세계 지식인들이 그를 주목했다. 하지만 그의 주장을 받아들이기에는 이미 세계의 흐름은 사회주의로 기울어 있었다. 독일과 일본의 패배로 전쟁은 막을 내렸지만, 자유진영 국가에서는 오히려 사회주의가 점차 확산되었다. 패전국을 민주국가로 관리하는 것만으로도 힘에 겨웠던 서방국가들은 오히려 자신들의 내부에 일어나는 유사사회주의를 저지하지 못했다. 사람들은 자율적 시장치유보다는 장기적 부작용을 동반하더라도 당장의 정부개입과 혜택을 원했고, 이러한 추세는 1930년 대공황 이후 1970년 석유파동까지 지속되었다.

이처럼 하이에크의 주장이 현실정책에 반영되기까지 40년이란 시간이 필요했지만, 사회주의가 결국 패망할 수밖에 없다는 하이에크의 예언은 결국 74년만의 공산주의 종언으로 현실화되었다. 국가 내부에서 사회주의를 누르고 자본주의 원칙을 되살리는데 성공한 서방세계는 사회주의 국가들을 전쟁 없이 몰아내는데도 성공했다. 소련과 동구 사회주의 국가들의 몰락을 눈으로 확인한 하이에크는 1992년 독일 프라이부르크에서 93세를 일기로 아쉬움 없이 세상을 떠날 수 있었다.

"세상을 바꾸는 것은 정치가 아니고 사상이다."

하이에크의 말이다. 사상이야말로 세상을 바꿀 수 있는 가장 강력한 힘을 갖는다. 이런 점에서 그가 남긴 자유주의 사상은 우리 사회의 자산인 셈이다. 그렇다면 어떤 사회가 침체되고, 어떤 사회가 부유해질까? 문제는 방향에 있다.

하이에크는 스승 미제스와 더불어 오스트리아학파를 대표한다. 그는 경쟁 과정을 소비자의 수요와 더 나은 생산방식을 발견해가는 절차이자, 시장이 바로 집단적으로 지식을 만들고 창조해가는 곳으로 지식창조가 가능한 체제가 바로 자유시장경제이라고 말한다.

반면, 정부는 전지전능한 존재가 아니며 시장 흉내를 낼 수 있지만 시장을 대체할 수 없는 한계를 지니고 있어 그 어떤 재화의 가격 하나도 제대로 결정할 수 없다고 꼬집는다.

하이에크는 1947년 스위스에서 루트비히 폰 미제스, 밀턴 프리드먼 같은 자유주의자 36명이 참여하는 하나의 컨퍼런스를 조직하였다. 이것이 세계적으로 유명한 몽페를린 소사이어티Mont Pelerin Society인데, 전 세계 자유주의자들의 모임인 이 협회에는 노벨상 수상자인 게리 베커, 제임스 뷰캐넌, 로널드 코스 등이 주요 회원으로 참여하고 있다.

그는 『노예의 길』 외에도 기념비적인 책들을 남겼다. 『개인주의와 경제질서(1949)』, 『자유헌정론(1960)』과 『치명적 자만(1988)』이 대표적이다. 1950년부터 1962년까지 미국 시카고대학에서 연구생활을 한 후 다시 유럽에 돌아온 하이에크는 『법, 입법 그리고 자유(1973)』를 집필했고, 1974년 노벨경제학상을 수상하였다.

그의 사상은 1970년대에 와서야 현실정치에서 채택되기 시작했는데 하이에크의 사상을 받아들인 영국의 대처 수상과 미국의 레이건 대통령은 시대의 흐름을 바로 세운 위대한 지도자가 되었다. 결국 하이에크의 사상이 20세기 후반을 다시 번영의 시기로 돌려놓았던 것이다.

개혁개방에 목말라 하던 등소평이 노령의 하이에크를 초대한 것은 1978년. "스승이여, 중국 인민을 굶주림에서 구할 방도를 가르쳐 달라." 등은 수천만 명이 굶어 죽은 사회주의 병을 어떻게 고쳐야 할지를 경청했다. 그가 내놓은 처방은 간단하고 분명했다. "농민들에게 그들이 생산한 농산물을 마음대로 처분할 수 있도록 하라." 재산권 보호와 거래의 자유였다. 바로 정부가 소유했던 농지를 사유화하고 경작물의 사유화와 거래를 인정하라는 것이었다. 이를 받아들인 중국은 3년 만에 식량 자급을 달성하게 된다. 국가가 해준 것은 민간이 알아서 먹고살라고 내버려두고, 자기가 수확한 것은 자신이 갖도록 해준 것이 전부였다. 정부가 간섭치 않고 시장 그대로 남겨 두는 것이 기아(饑餓) 해결의 열쇠였던 것이다.

우리나라와 북한은 과거 비슷한 경제수준에 있었다. 오히려 북한에는 일본 제국주의가 남긴 산업시설이 많았다. 하지만 67년이 지난 지금 대한민국은 산업화에 성공한 민주국가로, 북한은 최악의 전체주의(全體主義) 국가로 변했다. 그 차이는 근본적으로 자유주의를 받아들이는가에서 나왔다. 북한을 전체주의로부터 해방시키기 위한 처방을 하이에크는 이미 수십 년 전에 내놓은 것이다. 그런데 북한은 핵을 만드는데 그의 충고 따위는 안중에 없는 모양이다.

미완의 개혁가 삼봉 정도전

드라마 '정도전'이 얼마 전 종영되었을 때 우리는 킹메이커로서의 정도전이 아닌 민본을 실현하려 했던 이상주의 정치가 정도전이 역사 속에서 사라지는 장면을 안타깝게 생각하며 당면한 현실 정치의 미로를 보는 것 같은 묘한 기분에 사로 잡혔었다.

고려 말 부패했던 시대상황 속에 새로운 이상국가 조선을 꿈꿨던 그의 파란만장한 일대기는 현재를 사는 우리에게도 여러 가지 교훈을 준다. 많은 국민이 이 드라마에 열광했던 것도 어쩌면 당시 고려 말의 상황과 우리가 사는 현 시대가 닮아서인지 모른다.

고려 권문세족의 영향력은 개혁을 추진하려는 세력들에게 넘기 힘든 큰 벽이었다. 고려의 충선왕, 신돈, 공민왕도 모두 개혁을 추진했지만 권문세족의 저항에 실패했다. 정도전은 바로 이러한 시대적 상황 속에서 등장한 혁명 정치가였다. 당시 고려의 가장 큰 폐단은 토지문제였고 이 핵심을 정도전은 잘 짚어내고 있었다.

그는 귀양살이를 통해 백성들의 고통을 직접 피부로 느꼈고 토지제도를 완전 갈아엎지 않으면 이 문제를 해결할 수 없다고 생각했었기에 기존의 고려를 전복시킬 수밖에 없다는 결론에 이른 것인지 모른다. 이 부분이 그의 지기였던 정몽주, 스승 이색과의 가장 큰 차이점이었다. 정몽주와 이색은 기존의 토지제도를 개선하는 차원에서만 문제를 해결하려고 했으나 백성의 처지를 누구보다 잘 알았던 정도전은 더 급진적인 방법을 택했다. 이성계를 만나 날개를 단 정도전은 과전법을 추진하여 기존 토지문서를 다 불살랐다. 권문세족은 경제적 기반을 잃었고 이성계와 정도전은 탄력을 받아 조선을 건국한다.

그 당시 정도전이 받아들인 것은 이색 문하에서 배운 성리학이었고 그가 경험한 현실은 권문세족이 다스리는 고려라는 현실의 한계를 보았던 것이다. 그래서 계민수전으로 정치-경제 체제 자체를 뒤집을 생각을 하고 있었던 것이다.

한편, 역사속 이방원은 대체 무엇을 바라본 것일까? 이방원은 강력한 왕권으로 다스리는 나라를 생각했던 것 같다. 이방원 스스로도 유학자였기 때문에 정도전이 이야기하는 유학의 나라, 성리학의 나라에는 동의를 했던 것으로 보인다.

이방원의 아버지 이성계가 위화도 회군으로 최영을 쳐내고, 고려의 상징이라고 하던 정몽주조차도 수문하시중에 앉아 있었던 상황이었음에도 문하시중 이성계가 낙마하기 전까지는 정몽주도 이성계의 당여(黨與)들을 쳐내지 못하고 있었다.

이방원이 살고 자라던 시절에는 우왕이 자기 아버지와 숙부라고 부르던 사람들의 손에 폐하여 지고, 창왕이 옹립되고 얼마 되지 않아서 폐가입진으로 공양왕이 자리에 오르게 되는 것을 본다. 그뿐인가, 이방원이 자기 손으로 백주 대낮에 정몽주를 죽여 없애고 나서 공양왕이 했던 행동은 이성계와 군신간의 동맹을 맺자는 제안을 하면서까지 나라를 지키려고 했던 무능한 왕의 모습이었다. 왕이 무능하기에 나라가 없어진다고 생각했던 것이리라.

정도전이 가졌던 시각과 이방원이 가졌던 시각은 본질적으로 다른 것이다. 정도전이 가졌던 시각은 왕은 덕이 있는 사람으로, 능력 있는 사람들이 뜻을 펼칠 수 있도록 우산이 되어주는 것. 그 이상도 그 이하도 아니었을 것이다. 장자방이 한 고조를 사용한 것이라는 그의 말은 이런 생각을 뒷받침하는 근거가 된다. 정도전 입장에서 왕은 끊임없이 무한한 권력을 견제 받아야 하는 입장이다.

그러나 이방원의 입장은 신권이 강할 때 나라가 망하는 것을 직접 목격하였기에 자기 아버지에게 고려가 망하는 것을 보면서 정도전이 주장하는 재상총재제라는 것이 얼마나 위험할 수 있는지 생각하지 않았을 리 없다. 고려의 왕은 정몽주보다, 정도전보다, 이성계보다 힘이 약했다. 그래서 갈리고, 망했다. 조선은 신생 국가이다. 나라가 유지가 되려면 강력한 왕권을 가진 국가여야 한다고 이방원은 생각하였던 것이다.

정도전이 생각하는 재상총재제는 말 그대로 민본에 더 가까운 정치체제인 계민수전으로 정전제를 시행하고자 하는 급진적인 주장을 할 때도 그는 권력의 집중을 상당히 경계하고 있다는 것을 볼 수 있다. 그는 사람보다는 제도를 믿었던 사람으로 정도전 자체가 상당히 이상적인 사람이었다. 실제적인 구상과 제도는 조준 같은 사람이 냈고, 조선 경국전 자체도 철두철미하게 현실 속에서 생각했다기보다는 이상으로 현실을 보았던 사람이라 할 수 있겠다.

반면 이방원은 사람도, 제도도 모두 불안정하다고 생각했던 것 같다. 자기 아버지 이성계 같이 신권이 강했을 때 나라를 달라고 하면 조선은 없어질 수 있는 상황이라는 것을 현실로 본 사람이다. 조선이라는 나라를 반석 위에 올려야 한다는 생각이 있었을 것이고, 그는 조선을 위해서 숙청정치로 기틀을 마련했던 사람이다. 사람이나 제도를 믿었다기보다는 사람이 가지는 권력욕과 그 자리에 앉았을 때 변질 된다는 사실을 정확히 알고 있었던 사람이라고 볼 수 있다. 정도전과는 다르게 이방원은 상당히 현실주의자라서 나라의 실제적인 구상을 태종 때 많이 잡아두게 된다. 정도전은 사병혁파를 하다가 무인정사로 죽었지만 이방원은 집권 후에 사병 철폐를 무리 없이 이뤄냈다는 점에서 현실적이고, 정치적으로 수완이 좋다는 것을 알 수 있다. 관제정비를 실시해서 언론 기관에 상당한 힘을 실었을 뿐만 아니라 육조 직계제를 실행하는 등

나라의 기틀은 이때부터 잡히기 시작한다.

정도전 또한 원나라 사신의 마중을 거부하다가 관직을 박탈당하고 유배되는 신세가 되었으나 이러한 시련에도 불구하고 정도전의 야심은 꺾이지 않았다.

유배기간이 끝난 후 정도전은 한동안 관직에 나가지 못한 채 야인으로서 살아가고 있었고 그러던 어느 날. 정도전은 북방의 여진족을 감시하고 있던 동북면도 지휘사 이성계를 찾아가게 된다. 이로써 정도전의 붓이 칼을 선택한 소위 신진 사대부와 신흥 무인의 합치를 이룬 것.

뛰어난 학자이며 동시에 확고한 정치적 비전을 지닌 정도전. 백성들의 신망을 얻고 있으며 수많은 전공을 세운 장군인 이성계. 정도전은 이성계가 가진 강대한 군사들을 보고, 그야말로 자신의 이상을 실현시켜 주리라 확신하게 되었다. 이 두 사람은 고려왕조 체제를 더 이상 가만히 둘 수 없다는데 의견을 같이하여 새로운 나라 이씨 왕조를 건설하기로 하였고, 그 이후정도전은 이성계의 지원을 얻어 관직에 복귀. 신진 사대부 계층을 이끌어가며 세력을 크게 키우기 시작하였다. 또한 이성계는 위화도 회군을 통해 최영의 세력을 축출하였고, 병권을 장악하여 본격적인 개혁에 착수하였다.

삼봉의 최대 라이벌은 역시 이방원이라고 할 수 있는데 이들이 꿈꾸는 세상은 완연히 달랐음을 알 수 있다. 이성계의 다섯째 아들 이방원은 그 아버지를 닮아 무사 기질이었음에도 불구하고 학문에도 상당한 깊이를 보여주었다.

이성계는 이방원이 과거에 급제했다는 말을 듣고 얼마나 기뻐했는지 몰랐다 하며, 이씨 집안에서 유일하게 문과시험에까지 급제하여 뛰어난 재능 외에도 단호한 성격과 추진력까지 갖춘 이방원은 아버지를 도와 개혁에 앞장서기 시작한다.

드라마에서도 방영된 장면처럼 이성계 측에 커다란 문제가 터지게 되었던 시기인 바로 이성계 본인이 사냥 중 말에서 떨어지는 통에 큰 부상을 입게 되는데 그 틈을 타 고려를 지켜내려는 세력이 공격을 가해 오면서 드라마는 정점을 향해 박진감을 더해 주고 있었다.

이성계의 목줄을 감아 들어오는 그 사람의 이름은 바로 정몽주였지만 이성계에게는 과감한 모습과 결단력을 보여주는 이방원이 있었다.

정몽주는 정도전, 이색 등과 더불어 대표적인 신진 사대부. 허나 정몽주는 고려를 엎고 새로운 나라를 세우자는 정도전과는 달리, 고려를 지켜내면서 개혁을 해야 한다는 온건한 입장이었다. 이쯤되면 이성계 측에서도 두고 볼 수 없는 상황.

그런데 뜻밖에도 이성계 자신이 정몽주를 두둔하고 나선다.

이성계는 정몽주의 학식과 인품을 높이 평가했을 뿐만 아니라, 개인적인 친분도 있었기에 정몽주를 함부로 제거하지 말라 명령했던 것이다.

허나 이방원이 보기에 정몽주의 움직임은 상당히 위험하다고 판단하기에 이른다. 이에 이방원은 정몽주를 초청하여 함께 술잔을 기울이며, 그를 회유하기 위해 넌지시 시 한수를 읊으며 내심을 최종적으로 떠 보는 장면이 절묘하다.

이런들 어떠하며 저런들 어떠하리.
만수산 드렁칡이 얽힌들 어떠하리.
우리도 이처럼 얽혀 백년을 누리리라.

이를 들은 정몽주는 미소를 띠며 시 한수로 답한다.

이몸이 죽고죽어 일백번 고쳐죽어.
백골이 진토되어 넋이라도 있고없고.
임을 향한 일편단심 변할 리가 있으랴.

결국 이 둘은 같은 길에 설 수 없음을 확인하였고 이방원은 그 즉시 부하인 조영규 일파를 대기시켜 정몽주에게 조금의 틈도 주지 않은 채 그날 바로 암살해버렸다.

정몽주가 암살당한 장소가 바로 그 유명한 유혈이 낭자한 선죽교이다.

정몽주의 죽음으로 인해 더 이상 이성계 세력을 막을 자는 없어졌다. 이성계는 정도전, 조준 등의 추대를 받아 왕위를 넘겨받았고, 이로써 고려왕조는 멸망. 조선왕조의 시대가 열린다.

새 나라가 세워졌으니 그에 따른 논공행상이 이루어질 차례.

허나 그 명단에 이방원의 이름은 없었다. 이방원은 정도전과 더불어 조선 개국에 최고의 공을 세웠지만….

태조가 자신의 친아들이라는 이유로 공신 선정에서 제외시킨 것이었다. 게다가 이방원에게 뼈아픈 일이 연달아 벌어진다.

새로운 왕조의 왕자로서 정안대군이라는 칭호가 주어진 이방원. 그는 내심 조선의 차기 왕으로서 자신이 임명되기를 바라고 있었지만 문무를 모두 갖춘 영민한 인물이었고, 뛰어난 결단력과 단호한 성격을 지녔으며, 커다란 공훈까지 세웠던 이방원을 빼고 세자로 임명된 것은 어이없게도 그 이복동생인 이방석이었다.

당대 최고의 책사라 불리워도 손색이 없는 하륜의 등장은 이른바 왕자의 난에서부터이다.

그는 술자리에서 실수를 빙자하여 이방원과 단 둘이서 밀담 중에 자신은 곧 지방으로 좌천될 것이니 이숙번의 군사로 난을 일으킬 것을 건의한다.

이방원과 의형제를 맺을 정도로 가까운 사이였고, 직접 선봉에 서게 되는 인물인데 이방원의 부인인 민씨 역시 부창부수라는 말이 딱 어울리는 여걸이었다.

정도전 측이 미처 대비하기 전에 먼저 칠 것을 강력하게 주장한 그들은 정도전의 눈을 피해 무기를 숨겨두었다가 남편에게 전달하기도 하였으며 이들의 조언과 도움 끝에, 결국 이방원은 반란을 일으킬 것을 결심하게 된다.

정도전은 수하인 심효생 등과 함께 술잔을 기울이고 있던 상황에 최후를 맞게 되는데 역모(역성혁명)라는 대역죄를 꿈꾸었을 뿐만 아니라, 고려를 멸망시키는 과정에서 맞닥뜨린 수많은 위협과 죽음의 그림자를 끝내 보지 못했던 것인가? 조선이 세워진 이후에도 정안대군 이방원을 궁지로 몰아세웠던 그가 세운 조선경국전은 몇 차례의 보수를 거쳐 5백년간 조선의 기초 법전이 되었고, 조선 왕조는 그가 만든 체제에 의하여 운영되어진다.

정도전이 꿈꾸었던 진정한 민본의 세상은 미완의 개혁이었고 여전히 우리에게도 이어지는 현재 진행형의 꿈이 되었다.

더 킹

한재림 감독이 '더 킹'을 통해 고(故) 노무현 대통령에 대한 그리움, 희망에 대한 메시지를 노래했다는 글을 읽고 찾은 영화관은 때마침 무더웠지만 마음까지 칙칙하지 않고 묘한 서늘함이 느껴지는 영화였다.

한재림 감독은 서울 롯데시네마 건대입구에서 열린 영화 '더 킹' 언론시사회 및 기자간담회에서 "작품 안에서 노무현 대통령님의 서거 장면이 삽입돼있다고 전하고 개인적으로 현대사의 가장 큰 비극이라고 생각할 정도로 너무도 크나큰 아픔이었기에 가장 극적인 순간에 반드시 넣고 싶었다"고 털어놓았다고 한다.

한 감독은 "사실 이 영화를 만들게 된 계기가 바로 노 대통령의 서거였다"며 "경제적인 이익의 추구나 욕망의 끝에서 맞이한 비극이었기에 트라우마로 남아있다. 너무나 가슴 아픈 일이었다. 침몰

하는 주인공의 욕망의 끝에서 보게 되는 가장 비극적인 장면으로 사용한 이유"라고 설명했다시피 "이 영화가 관객들에게 과거 서민들이 늘 봐왔던, 그들의 풍자와 해악, 한이 담긴 마당놀이 같은 작품으로 남았으면 좋겠다"고 한 마음을 알 것 같다.

한편, '더 킹'은 무소불위 권력을 쥐고 폼나게 살고 싶었던 한 남자가 대한민국을 입맛대로 좌지우지하는 권력의 실세를 만나 왕으로 올라서기 위해 펼치는 이야기를 담았다. 정우성, 조인성은 물론 배성우, 류준열 등 충무로 스타들이 합세해 대한민국 현대사를 관통하는 날카로운 풍자로 통쾌한 카타르시스를 선사한다.

이 영화 속에서 남다른 존재감을 드러낸 안희연 검사 역의 실제 모델은 '도가니 검사'로 유명한 임은정 검사다. 임 검사는 자신의 소셜미디어(SNS)를 통해 '더 킹'을 관람한 소감을 전했다. 그는 "세파에 찌들지 않은 여검사가 나오는데 말투도 좀 비슷해 제가 생각난다며, 꼭 보라는 지인의 추천에 영화를 봤다."고 할 정도였으니깐.

그동안 사회 부조리 등을 고발하는 국내영화가 '더 킹'이 세상에 등장하기 이전에도 많이 있었다. 그럼에도 불구하고, 그 영화들과 달리 '더 킹'만의 차별성이 있는가?

시대적으로 작금의 정치판도는 비선실세로 권력의 정점에 서 있는 한강식(정우성 분)이 외치는 "역사를 모르면 배워! 자존심 버리고 역사적으로 흘러가는 대로 가!"라는 의미심장한 일침에 영화가 부응하듯, '더 킹'은 우리가 살아왔던 대한민국의 현대사와 영화를 절묘하게 데칼코마니처럼 대칭하여 풀어나갔다는 점이 기존 영화들과 다른 가장 큰 차이점이라 할 수 있다.

역사와 영화를 연결고리로 엮어버리니, 실존 인물들이 자연스레 언급된다. 그렇기에 '어디선가 많이 본 장면 같다'라고 느껴지는 게 이 영화의 특색이다. TV에서 너무나 익숙한 우리 일상이 화면 통해 리얼하게 펼쳐지고 있으니 당연지가가 아닌가?

영화를 자세히 들여다보면, '더 킹'은 '현대사- 영화'만 데칼코마니로 만든 게 아니다. 영화 내내 끊임없는 대칭 구조를 만들어냈다. '검사- 조폭'의 구조를 비롯하여, '한강식- 김응수', '양동철- 최두일', 그리고 '박태수의 서로 다른 두 면'의 대칭까지 '더 킹'은 '데칼코마니의 향연'이 따로 없다.

언급하고픈 장면은 나락으로 떨어진 조인성이 쓰러져 병원에 가고, TV에서 노무현 대통령의 서거가 등장하는 장면에서 시작이다. 이 장면은 절망으로 가득 찬 조인성의 모습에서 페이드아웃, 암전된다는 측면이다. 사실, 여기서 영화가 끝나도 이 영화의 문제제기는 거기서 완성된다. 그러나 기승전결이라는 상업 영화의 일반적 서사 문법 내에선 이게 더 완벽해 보이는 끝이기도 하다. 하지만 영화는 암전 후 새로운 챕터이자 마지막 챕터를 시작해야 하는 사명 같은 것이 있는 모양이다. 우선, 이 암전 전후가 균열로 느껴지는 이유에 대해서 생각하게 만드는 기법, 이전까지의 이야기에서 관객은 검사들이 자신을 보호하기 위해 철옹성을 어떻게 쌓았는지를 들춰낸다. 장면은 사건이 감춰진 비밀 서재가 그들의 장벽이 얼마나 깊고 높은지 보여준다. 사건을 묵혀두는 그곳은 대한민국의 상한 부분이 더 썩어가고, 부패의 악취가 나는 것 같다. 그 외에도 그림자처럼 움직이는 조직 폭력배들, 하이에나 같은 기자들이 철옹성을 보좌하고 있었음을….

그런데 이 무너지지 않을 것 같던 철옹성이 암전 이후에 박태수라는 인물에 의해 모두 무너진다. 워터게이트의 '딥 스로트'의 사례에서 내부 고발자의 힘을 봤지만, 날개 꺾인 박태수의 활약으로 검찰의 부패가 척결된다는 결말은 너무도 안일해 보인다. 검찰조직이 강력하고, 비열한 모습을 봤을 때, 그리 와 닿지 않고, 모든 게 너무 쉽게 해결되는 느낌. 박태수가 자신의 삶과 대한민국의 바로잡는 영웅이 되었는데, 이 영웅의 등장과 활약을 쉽게 받아들일 수 없었다는 점이 이 영화의 흠이다.

그래서일까. 이 마지막 부분, 암전 뒤의 무난한 전개는 개연성에 근거한 될 법한 상황이 아닌, 박태수가 바란 것, 그가 꾼 꿈의 발현으로 보인다. 복수에 성공하고픈 박태수의 꿈. 한 번의 선택으로 너무 멀리 와버린 그의 후회를 바로잡고픈 바람이 실현된 시나리오 말이다. 암전이 만든 경계는 '더 킹'을 개연성이 작동하는 부분과 개연성을 초월한 부분으로 이등분 된다. 그리고 이 개연성을 초월한 뒷부분이 어떤 이미지를 경유할 때, 이 챕터는 더 강력하고 무서운 힘을 얻는다. 쉽고도 어려운 현실 문제를 다루었다.

뒤주 속에서 숨져간 사도세자

영조(재위 1724~1776)가 아직 왕세제 시절인 1719년 후궁인 정빈 이씨와의 사이에서 첫 아들을 보게 되는데, 이가 효장세자였다. 사실 숙종 때부터 조선 왕실은 후계를 이을 사내아이가 귀해지던 시기, 이러한 분위기 속에 태어난 효장세자는 영조가 왕으로 즉위하면서 경의군에 책봉된데 이어 이듬해에는 세자로 책봉이 되며 후계자로 인정을 받게 된다. 하지만 효장세자는 불과 10살의 나이로 세상을 떠나게 되고, 한동안 후사를 보지 못했던 영조는 1735년에 이르러서야 영빈 이씨와의 사이에서 아들을 보게 되니 이가 바로 사도세자였다.

정말 어렵게 얻은 아들이었기 때문에 태어난 지 이듬해인 1736년 세자로 책봉하며 공식적인 후계자로 인정을 하게 된다. 왕실의 역사상 이처럼 빠른 책봉이 없었다는 점은 당시 영조가 얼마나 사도세자를 각별하게 생각했는지 알 수 있는 대목이다. 하지만 역설적이게도 이러한 관계는 불과 27년 뒤인 1762년 영조와 사도세자의 관계가 극도로 악화되어, 사도세자는 결국 뒤주에 갇혀 죽는 비극적인 임오화변이 일어나게 된다.

처음 사도세자가 태어났을 때 영조는 어렵게 얻은 아들이라 크게 기뻐하면서 이듬해 세자로 책봉하게 되는데, 전례에 없는 이런 일을 볼 때 처음 영조와 사도세자의 사이는 아들에 대한 기대감을 가늠할 수 있다. 영조의 입장에서 볼 때 평생 혈통적인 콤플렉스(무수리 출신에게서 태어난)에 시달리던 터라 사도세자가 무결점의 완벽한 왕이 되어주길 기대했는지 모른다. 영화에서 영조분 송강호와 사도세자분 유아인의 열연에서도 가장 크게 기대했던 것이 바로 공부였으며, 영조 자신이 직접 세자를 위해 책을 만들기까지 했지만 사도세자는 공부와는 거리가 멀고, 이내 싫증을 내었기 때문에 이 부분을 둘러싸고 영조와 사도세자는 좁힐 수 없는 간극이 생긴다.

여기서 기본적으로 영조의 성향이 괴팍한 측면이 없지 않은데다 자신의 기대와 달리 행동하는 세자를 보면서 부자간의 관계는 점차 냉랭해지게 되고, 이러한 아버지에 대해 반항을 하면서 점점 비뚤어져간 사도세자는 정신적인 피폐함이 나타나게 된다.

하지만 역설적이게도 사도세자를 죽음으로 내몰았던 건 사도세자의 아들인 정조(재위 1776~1800)의 존재였는데, 영조에게 사도세자는 골칫거리였지만, 후사를 이을 유일한 아들이었기에 어떠한

처분을 내릴 수가 없었다. 하지만 세손이 성장을 하면서 성군의 자질을 보이자 영조는 정조에게 기대를 걸게 되었고, 정조의 앞길을 막을 수 있다는 측면에서 어쩌면 사도세자의 비극적인 죽음은 피할 수 없었는지도 모른다.

그러면, 첫째로 사도세자를 둘러싼 역사와 정치적인 관점이다. 영조가 아들을 죽이게 된 것은 아들의 광기 때문에 왕위를 물려 줄 수 없고 총명한 손자 정조에게 왕위를 물려주기 위해 어쩔 수 없는 선택이었다고 하는 것이 영화의 설정이고 거기에다 노론과 소론의 정치적 갈등이 이를 더 부채질하였다는 것이 일반적 견해이다.

둘째로 이 사건의 핵심은 아들의 광기 때문 시작된 문제라는데 어떻게 총명하고 사랑스런 아들이 광기를 부려 아버지에 의해 죽게 되어졌는가? 누구 때문이고 누구 책임인가의 문제이다. 이는 인간의 본질과 심리와 무관치 않는다. 영조는 숙종의 둘째 아들로 후궁의 태생이다. 그래서 왕이 될 수 없었다. 그런데 노론의 정쟁으로 인한 지원과 이복형인 경종이 일찍 죽음으로서 절묘하게 왕위에 오르게 되었다.

셋째로 영조는 그 자신의 불안으로 인해 강박관념적인 사고에 시달렸다. 심리학에서 말하는 방어기제가 날로 이상심리로 표출되었던 점이다. 자신의 두려움과 분노를 씻어내고 방어하기 위해서는 그러한 행동들이 필요하였던 것인지 모른다. 자신의 불안한 입지를 지키기 위해 더욱 완벽한 것을 요구하고 지키려고 하는 강박

적이고 완벽주의적인 성격이 더욱 굳어져 갈 수밖에 없었다.

넷째로 영조는 노론과 소론의 틈새에서 탕평책이란 정치철학으로 늘 절묘한 줄타기를 하며 생존해 왔기 때문에 늘 불안하고 실수해서는 안 된다는 강박과 완벽주의에 빠져 있었다. 조금만 벗어나도 자신은 줄타기에서 떨어져 죽을 수밖에 없다는 절박함이 있었다.

다섯째 부자의 이런 대립이 극한구도를 부채질하고 고자질하는 왕실의 특수한 환경을 간과해서는 안 된다. 그래서 부자의 관계는 제동장치가 없이 더욱 양극으로 치닫게 된 것이다. 결국 병이란 자신과 환경의 아픔이다. 모든 것이 악순환으로 굴러가면서 극한적인 비극을 낳게 되었던 것이다.

이번 영화는 사도세자의 문제를 정치적인 사건으로 보지 않고 아버지와 아들의 심리적인 사건으로 보고 이를 깊고 섬세하게 묘사하고 있다는 점이다. 위에 지적한 바로 그 심리적인 갈등을 특히 송강호와 유아인이라는 두 배우의 탁월한 연기를 통해 이 영화에서 잘 보여 주고 있었다. 심리적 갈등까지 다루었으니 이제 할 얘기는 거의 다 한 것 같다.

이 영화는 마지막으로 질문한다. 손자인 정조가 할아버지인 영조에게 질문하고 답하는 장면이 나온다. 인간이 법도를 위해 있는 것인가? 아니면 법도가 인간을 위해 있는 것인가? 하는 공자의 질문이다. 결국 이 영화는 바로 이 질문을 생각하게 하고 끝을 맺는다. 두 부자의 싸움은 바로 이 한마디에 있다.

아나키스트 박열과 후미꼬의 자존적 사랑

시놉시스

'박열' 아프니까 청춘이 아니라, 저항하니까 인간이다. 이토록 강하고 아름다운 사람들을 본 적이 있는가? 한 평론가는 이렇게 함축하여 말하였다는 영화.

'박열'이라는 영화 티켓을 산 것은 아주 평범한 시대극 정도로 영화를 감상하려고 했었다. 그러나 내가 이 영화를 보지 않고 어찌 영화평론가라고 할 수 있겠나 하고 늦게 본 것까지 미안한 마음이 들기 시작한 영화다.

때는 1920년대 도쿄에서 거리에서 만난 언뜻 불량기가 묻어나는 조선인 청년 박열과 일본인 후미코가 『개새끼』라는 시 한 줄로 사상적 동지가 되었고 서로 사랑하다 박열이 투옥되자 동거 서약을 지키기 위해 감옥까지 쫓아가서 함께 투쟁하는 과정을 그려 이 영화가 고품질의 민족자존과 개인적 헌신적 사랑의 실화를 바탕으로 제작 하였다는 것이 특징이다.

영화 '박열'은 시대를 관통하는 당대 피압박민의 항거로 두 연인의 사랑은 민족을 넘어 세계의 모순과 대적했던 독특한 존재 양식을 극적으로 웅변하며 일제의 인간성 몰지각에 대한 범죄 행위를 극열하게 투영시킨 솔직 담백한 영화다.

낭만주의인가? 아나키스트인가?

첫 장면에서 영화 '박열'은 인력거를 끄는 박열(이제훈)의 모습과 잔돈을 주지 않은 일본인의 발길질에 폭행당하는 장면, 『개새끼』라는 시를 읊는 후미코(최희서)의 목소리에서 거침없는 서곡을 암시한다.

박열이 잡지에 발표한 시를 읽고 매료된 후미코는 박열을 찾아와 대뜸 '배우자가 있느냐'로 시작되어 동거 제한을 하고 이들에게는 상호 존재선언만이 있을 뿐, 계급적, 민족적, 사상적 등 존재 양식에는 아무런 조건도 없는 일본 여성 후미꼬의 도입부로 전개된다.

영화는 줄곧 낭만주의자인가? 아나키스트인가? 양대 화두로 전개되다가 일본인 식민지 조선인에 대한 압박을 바탕으로 하는 인류범죄까지 조명하지만 이들은 낭만으로는 넘을 수 없는 현실의 벽과 싸우기 위해 예술보다 폭탄을 사랑하는 자들로 그들의 삶은 연민스러운 아나키스트다. 박열은 몇 명의 불령선인들과 함께 불령회를 조직하고 제국의 심장을 뒤흔들 의열 투쟁을 준비 중이었던 시기. 후미코라는 여성이 '나도 아나키스트'라며, 박열과 동지적으로 결합함으로써 이들의 삶의 실화를 영화로 제작되었다니 감동적이 아닐 수 없지 않은가?

일본법정이 만들어낸 왕세자 암살범?

영화는 폭탄을 구하는 문제와 결정적 사건인 간토대지진간에 정치적 고난도 마타도어적 재난 현장으로 관객의 시선을 고착화 시키고 있으나 엄연한 간토대지진은 자연재해. 그러나 대재난은 정치적 민심 돌리기로 국가재난을 자신의 출세노선으로 둔갑시키는 미즈노(김인우) 내무대신에 의해 선과 악이 교차한다.

우린 여기에서 박열의 정신의 본향을 보게 된다. 박열은 조작사건의 희생자가 될 운명임을 예감하지만, 운명에 순응하지 않고 후미꼬의 표현처럼 '박열의 본질을 사랑했다' 그렇다 여기서 대다수는 자신의 무고함을 주장하며 희생자의 자리에서 벗어나려 한다. 그러나 박열은 굉장한 의거를 계획 중인 테러리스트가 되어 싸움의 의미와 구도를 뒤집는다. 후미코 역시 자신이 박열의 계획을 모두 알고 있음은 물론이고 오히려 자신이 박열을 교사했다고 자백했으니 우린 또 다른 아나키스트 여 전사를 만난다. 일본 취조진이 만들어낸 박열과 후미코는 왕세자에게 폭탄을 투척할 계획이었다며 대역죄를 뒤집어썼는데 이들의 행보가 그저 자기 파괴적인 영웅심의 발로만이 아니라는 메시지를 던진 것.

놀랍도록 의연하고 비장하기까지 한 아나키스트!

일본의 조선 지배, 천황제의 모순을 질타하는 가네코 후미코, 이들의 법정투쟁을 돕는 인권변호사, 법과 양심 사이에서 고민하는 다테마스 예심판사(김준한), 그는 공무원으로서 신분상의 제약 속 근원적인 의제 선상에 존재를 걸고 싸우는 박열과 후미코에게 갈등하는 미묘한 시선.

박열과 후미코는 조선인과 일본인으로 나뉘지 않는다. 여기서 계급혁명을 통한 국가권력의 장악을 목표로 하는 사회주의자들과 노선을 달리한다. 이들은 국가권력을 체현하는 일본 법정을 조롱하며, 자유와 저항을 본령으로 삼는 인간정신을 과감하게 드러낸다. 예심판사에게 '국가권력의 개!'라고 일갈하며, '스스로 도덕적 인양 대견해 하지 말라'고 꾸짖는다. 법의 수호자이자 일말의 양심을 지닌 예심판사는 야생의 에너지를 내뿜는 이들의 형형한 눈빛에 점점 빠져든다.

그들은 예심판사를 자신들의 투쟁노선에 끌어들여 하수인처럼 이용한다. 조작사건을 만들고 목숨을 담보로 저울질하다 되치기를 당한 이들. 완전히 주도권을 빼앗겨버린 일본정부가 이리저리 끌려 다니는 모습은 역설이면서 아이러니 하다. 영화의 반전은 재판정을 무대삼아 정치 활극을 보여주던 후미코가 마침내 사형선고가 내려지자 '만세'를 불렀고, 박열의 재판장에게 '그동안 수고 했네'라 말할 정도이니 자본과 국가권력은 물론이고, 죽음 앞에서까지 자유로운 인간의 영혼은 얼마나 강하고 아름다운가를 극명하게 한다.

가네코 후미코, 근대 빼어난 여인상

영화가 뿜어내는 매력의 방점은 박열보다 후미코에게 있다는 것은 남성 여성 공통된 평점. 박열에게 동거를 제안하며, 동거서약서를 내미는 후미코는 당대의 누구보다 근대적인 정신의 소유자이었지만, 박열이 은밀한 작전을 숨겼음을 알았을 때, 가차 없이 뺨을 후려치는 장면에서 그녀의 아나키스트의 평등의식이 돋보인다. 그녀는 가부장제의 아내로 순종하지 않고, 낭만적 사랑의 연인으로 보호 받으려 하지 않았으며 대등한 사상의 동지로, 함께 결정하고 함께 책임지고자하는 자존감과 혁명적 동지애적 의지가 돋보였다는 점이다.

취조에 대면한 후미코는 박열이 자신의 주체성을 존중하여 스스로 책임정도를 선택할 수 있게 한 것에 자족했으며 박열의 폭탄 반입을 인정하여 자신도 공범임을 적극 피력한 점에서 그녀의 사상기조를 읽을 수 있다. 심지어 천황을 욕보이는 사상투쟁을 벌이며 대역 죄인이 되고자 몸부림치는 장면은 눈물겹다. 법과 국가 권력에 직접 대면하는 주체가 되려는 그녀의 항변은 뭇 사내의 가슴을 저리게 만들기에 충분했다. '여성이 단두대에 오를 수 있다면, 연단에도 오를 수 있어야 한다'라는 명제 앞에 의연한 후미코는 자신이 한낱 사적 존재로 간주되는 여성이 아니라, 정치적 사상적 주체임을 선언하기 위해 교수대로 향하는 길을 택했던 것이다.

나는 개인적으로 이런 자유로운 인간정신을 구현하기 위해 사는 여성을 사랑한다.

영화의 시선 역시, 후미코를 단지 박열이라는 조선 청년에게 이끌려온 평범한 여인으로 심지어 같이 죽으려는 순애보적 존재로 그리지 않았다는 점에 평점을 주고 싶다. 사형선고를 앞둔 두 사람이 죽음으로 항거한 후미코의 시신 수습을 위해 혼인신고를 하거나, 예심판사의 배려 속에서 사진을 찍는 장면은 다소 신파극처럼 보이나 지나친 로맨티시즘을 담지 않는다는 점도 이 영화의 제목을 살리는데 기여했다 본다. 약간 법정의 분위기를 반전시키는 장면, 투쟁의 일환으로 사모관대를 입은 박열과 치마저고리를 입은 후미코가 법정에 들어서는 순간에도 영화는 이들에게 민족의식이나 혼인의 의미 등을 굳이 끼얹지 않는 점도 감독의 한 수 위임을 느끼게 하는 대목이다. 이는 영화가 철저한 고증에 입각하여 후미코를 그리면서, 그의 사상을 존중하고 그를 근대적 자아를 의식을 지닌 오롯한 혁명가로 묘사해내려는 배려였다고 보인다.

반성 없는 일본에 일침을 가한 실화극

일제강점기를 배경으로 한 영화에서, 민족주의 실존인물을 역사적인 왜곡 없이 그리면서, 당대의 시대상과 오늘날의 시각에서 의미를 지닌 인물로 구현해낸 작품으로 손색이 없는 영화.

박열과 후미코는 철저한 고증을 통해 역사적인 왜곡이 없을 뿐만 아니라, 가장 긴장감 넘치는 실존인물을 통해 당대의 공기를 포착해냈다는 점. 그들을 철저하게 근대적인 주체이자, 민족을 넘어 세계의 모순과 대면한 존재로 평가했다는 점. 법정에서 왕세자 암살을 통해 억압받는 민중을 각성시켜 진정한 혁명을 이루고자 한다는 선언을 함으로써 일본 법정을 패닉에 빠뜨렸다는 점 등 홈런급이다. 반면, 일본 정부는 정치적 부담을 고려하여, 이들에게 내려진 사형선고를 무기징역으로 감형했다든가, 환호와 오열 속에서 죽는 영광 대신, 오랜 세월 옥살이를 하며 서서히 잊히는 굴욕을 선사하려는 일제에 항거한 후미코가 천황의 감형서를 갈가리 찢고, 1년 만에 옥사한 것 등은 이 영화의 백미이다.

뿐만 아니라. 박열의 패기와, '내 몸이야 마음대로 죽일 수 있겠지만 내 정신이야 어찌 하겠느냐'는 기개, 인간은 결코 약한 존재가 아니지 않은가? 영화는 줄곧 아프니까 청춘이 아니라, '저항하니까 인간이다'라는 명제를 던지며 박열처럼! 후미코처럼 살아라! 외치고 있었다. 조선을 끌어안은 무정부주의자 스물세 해 불꽃같은 삶. 창고에 쌓여있던 『가네코 후미코(金子文子)』라는 책이 이제 영화화되었고 대한민국이 가장 기억해야할 뜨거운 실화 '조선을 사랑한 일본인' 여인, '역사 속의 인물 - 잊혀진 혁명가'에서 소개되었다 하지만 역시 우리는 그들에게서 많은 염치없는 부채의식을 저버릴 수 없다.

지금 그녀는 그녀의 바람대로 대한민국 땅에 묻혀 있다. 무적자(無籍者)로, 여성으로 이중의 억압 속에서 사회의 밑바닥에서 고군분투하며 자기 사상을 형성해간 가네코 후미코. 바다를 건너왔다 바다를 건너간 아름다운 여인 가네코 후미코는 이 밤에 내게 다음 강의는 '무정부주의자 여전사'라고 강의명을 전했다.

푸른 강의 노트

맨발의 이사도라 덩컨

1927년 9월 14일 프랑스의 미항 니스의 한 레스토랑에서 현대무용의 기수인 이사도라 덩컨은 그녀의 트레이드마크인 2미터의 붉은 긴 스카프 자락이 덮개도 없는 차의 뒷바퀴 스포크에 감겨 49세로 세상을 떠났다. 비운의 발레리나, 불꽃의 여인 이사도라 덩컨은 그리스여신들로부터 강한 영향을 받아 판에 박은 듯한 고전무용을 자유분방한 현대무용으로 창시했다. 이사도라는 항상 헐렁한 무용복과 긴 스카프를 두르고 맨발로 춤추기를 좋아해 '맨발의 이사도라'라고 불렸다.

자유분방한 사랑과 무용으로 세계를 휩쓴 그녀는 한때 파리의 위대한 조각가 로댕에게 사랑을 못 바쳐 안달했고, 오스트리아의 황태자 페르디난드대공의 사랑을 받았으며 미국의 우드로 윌슨 대통령은 그녀의 춤을 비방하던 성직자들을 적극 무마해주었고, 자동차왕 헨리 포드는 미국의 어린이들에게 이사도라처럼 춤추는 어린이가 되기를 바랄 만큼 세계적인 유명인사가 되었다.

이사도라가 파리에 머물고 있던 1913년 그녀의 어린 딸 디어드로와 아들 패드릭이 유모와 함께 자동차를 타고 드라이브하다가 마차를 피해 강으로 추락 죽고 말았다. 사랑하던 자식들까지 자동차 때문에 잃어버린 비운의 여인이었다.

"나는 나를 찬양하고 나를 노래하리라. 그리고 내가 취한 것에 그대도 취하리라."

어릴 적부터 좋아하던 휘트먼의 시처럼, 그녀는 꽉 끼는 슈즈를 벗어버린 맨발과 코르셋을 벗어버린 맨 몸으로 내면을 표현하려는 자유로운 움직임을 무용으로써 승화시켰고 이 몸짓이, 훗날 현대무용의 시초가 된다.

코코 샤넬을 아시나요?

운명에 모든 것을 거부당했던 비운의 여성이었지만 패션 디자이너로서의 화려한 명성 이면에 감춰진, 늘 행복과 불행을 동시에 경험한 코코 샤넬. 한 인터뷰에서 마릴린 먼로가 잠자리에서는 무엇을 입느냐는 기자의 물음에 '샤넬 No.5만을 입고 잔다'고 대답했다. 샤넬이란 브랜드는 이런 브랜드이다. 전 세계 여성의 마음을 사로잡고 있는….

그녀의 전기에 따르면 순진한 시골처녀와 장돌뱅이 청년의 불꽃 같은 사랑의 결과물로서 축복 받지 못한 탄생, 어머니의 죽음 이후 아버지의 손에 이끌려 시작하게 된 고아원 생활, 주목받기 위해 택한 카페 밤무대의 대타 가수로서의 삶, 유부남 영국인 사업가였던 첫사랑의 비명횡사, 아이를 낳을 수 없기에 떠나보내야 했던 웨스트민스터 공작과의 두 번째 사랑, 심장마비로 세상을 떠난 폴 이리브와의 사랑까지… 하지만 숱 많은 짧은 머리에 깡마른 체구의 여인은 불행이 닥칠 때마다 눈부신 성공으로 운명에 맞섰다. 그녀는 한마디로 어느 것에도 구속받지 않는 영원한 자유인이었다.

"자유롭게 움직일 수 있는 것들이라야 진정 우아한 옷이죠. 입고도 벗은 것 같은 느낌일 때, 완벽하게 만들어진 옷이라 할 수 있어요."

샤넬의 패션 철학은 그녀의 인생에도 투영된다. 언제나 독립적인 삶을 꿈꾸었던 샤넬은 결혼이라는 인습에 대해 부정적인 태도를 갖고 있었다.

그녀 자신도 한때는 꿈꿔왔던 평범한 여자로서의 삶이었지만, 손수 지어준 여동생 앙투아네트의 하얀 웨딩드레스는 결국 동생의 자살이라는 비극을 초래했고, 연인 아서 카펠의 결혼상대였던 다이애나의 웨딩드레스는 코코 생애 최악의 경멸의 대상이었다. 이런 상황에서 결혼이라는 인습에 봉사하는 것 자체가 위선이라고 느낀 샤넬은 급기야 자신의 컬렉션에서 예복을 제외시켰다.

낙태수술의 후유증으로 아이를 낳을 수 없었던 샤넬에게 어쩌면 평범한 결혼생활은 불가능한 것으로 여겨졌을지도 모른다. 하지만 그녀는 결코 불행으로 받아들이지 않는다. 결혼과 육아라는 평범한 삶 대신에 늘 어울리는 작가들과 예술가들의 조우하며 문화예술의 은밀한 후원자로, 패션계의 여왕으로의 삶을 택했던 것.

'내가 곧 스타일'이라며 스스로를 특별한 존재라 여겼던 여성, 자신에게 가장 잘 어울리는 옷을 만들고, 직접 모델이 되어 고객들을 사로잡았던 코코 샤넬.

오늘날 파리 패션의 자존심으로, 오트쿠튀르의 주역으로, 전 세계 많은 여성들의 선망의 대상으로 떠오른 브랜드 샤넬의 창조자인 코코 샤넬은 그녀만의 대담성, 유일함, 완벽주의, 열정, 통찰력으로 여성 패션에 해방과 자유를 안겨주었던 것이다.

그녀의 대담함은 '소년 같은 이미지'를 창조했다는 점에 잘 나타나 있다.

피카소마저 '유럽에서 가장 뛰어난 감각을 지닌 여성'이라고 칭할 정도로 흉내 낼 수 없는 자기만의 개성으로 세계 패션계를 장악한 샤넬, 그녀는 무에서 출발하였지만 기존 사회의 통념을 과감히 벗어버리고 끊임없이 자신의 창조성을 개발하여 20세기 패션계를 장악하였다. 자신만의 독특한 개성과 아방가르드적 요소로 유명인사 스트라빈스키, 달리, 피카소, 장 콕토 등 당대의 내로라하는 예술 거장들을 자신의 연인으로, 후원자로, 수혜자로 불러들이며 패션 혁명가로서의 입지를 확고히 다져나갔던 것이다.

또한 모든 것이 다 끝났다고 생각할 나이인 71세에 '올드 레이디'로 패션계에 복귀해 허리를 조이는 원피스 대신 투피스를 만들었고 발꿈치가 드러나는 샌들과 검정과 베이지색을 사용한 투톤 슈즈를 세계적으로 유행시키는 등 패션에 대한 샤넬만의 확고한 철학과 식을 줄 모르는 열정은 오늘날 수많은 여성들을 '샤넬'에 열광하게 만들었다.

그녀는 어두웠던 자신의 과거와 이별하며 가브리엘이라는 이름 대신 '코코'로 부르기를 원했고 자신의 트레이드마크인 두 개가 얽힌 'C'자 모양의 로고를 만들기도 했다.

1921년에 선보인 '샤넬 N°5'는 전 세계적으로 첫 성공을 거두며 샤넬에게 세계적인 패션 창조자로서의 명성을 안겨주었다.

블랙을 '죽음의 색상'으로 장례식 같은 특별한 일이 있을 때나 입는 우울하고 칙칙한 불행한 컬러로 여겼던 시절 검정색으로 패션계 의식혁명을 일으켰고 머스트 해브 아이템으로 불리는 2.55 퀼팅백을 들지 않으면 숙녀가 아니라고 할 정도의 패션의 신화를 남겼다.

말년이 더 아름다웠던 여인 오드리 햅번

벨기에에서 태어난 한 예쁜 소녀가 있었다. 정치적인 문제로 집을 나간 아버지를 피해 소녀와 어머니는 네덜란드와 영국을 떠돌며 가난하게 살았다.

아사 직전에 이웃에게 발견돼 겨우 목숨을 건졌던 그녀를 살린 것은 유니세프의 구호 빵 한 덩이었다. 그렇게 위기를 극복하고 성장한 소녀는 세계적인 영화배우가 되었는데 그녀가 바로 오드리 햅번이다.

"어린이 한 명을 구하는 것은 축복입니다. 어린이 백만 명을 구하는 것은 신이 주신 기회입니다."

그녀는 유니세프 친선대사로서 전 세계 어린이들을 위해 열정을 아끼지 않았다.

그레고리펙와 열연한 '로마의 휴일'로 유명한 세기적인 여배우 오드리 햅번은 깜찍하고 아름다운 몸매와 얼굴로 만인의 가슴을 설레게 했다. 외모만 아름다운 것이 아니라 마음이 더 아름다운 여인 오드리 햅번. 젊었을 때만이 아니라 말년이 더 아름다웠던 여인 오드리 햅번. 사도 바울이 아그립바 왕 앞에 섰을 때 '헬라는 나에게 철학을, 로마는 법을 가르쳤는데 너희 예수는 나에게 무엇을 가르치겠는가?'라고 물었을 때 바울은 일언지하에 '사랑'이라고 답했다는데 오드리 햅번은 바로 '사랑'을 가르친 것이 아닐까?

그녀는 그녀다운 유언을 남기고 63세의 일기로 아름다운 생을 마쳤다.

"아름다운 입술을 갖고 싶으면 친절하게 말하라. 사랑스러운 눈을 갖고 싶으면 사람들에게서 좋은 점을 보라. 날씬한 몸매를 갖고 싶으면 네 음식을 배고픈 사람과 나눠라. 아름다운 머리카락을 갖고 싶으면 하루에 한번 어린이가 손가락으로 네 머리를 쓰다듬게 하라. 아름다운 자세를 갖고 싶으면 너 혼자 걷고 있지 않음을 명심하며 걸어라. 사람들은 상처에서 치유되어야 하고 낡은 것에서 새로워져야 하며, 병에서 회복되어야 하고 무지함에서 교화되어야 하며 고통에서 구원받고 또 구원받아야 한다. 결코 누구도 버려서는 안 된다. 기억하라. 도움의 손길이 필요하다면 네 팔 끝에 있는 손을 이용하면 된다. 더 나이가 들면 손이 두 개라는 사실을 알게 될 것이다. 한 손은 자기 자신을 돕는 손이고 다른 한 손은 다른 삶을 돕는 손이다."

발 문

그는 열혈작가다

-『빛의 아름다운 진화』 부쳐

조윤정

(수필이야기 동인회장)

수년 전 작품집 『부창민의 영화이야기』로 이름 석 자 문단에 올린 부창민 수필가가 다시 열정에 불을 지폈다. 이름 하여 '빛의 아름다운 진화'라고 한다.

뚜벅뚜벅 걸어 온 "부창민"의 이야기들이 옮겨졌다.

가히 재원이라 일컬어질 수 있는 미모의 두 따님이 당차게 해낸 외국 유학의 기억에서 마음껏 뒷바라지 못한 아버지의 고백이 애달프고, 자녀들을 위해 기러기아빠까지 감당한 무거운 어깨에서 어쩔 수 없는 이 시대의 고단한 아버지들이 읽혀져 그 또한 가슴이 먹먹하다.

소설 같은 그 부모님의 만남으로 태어난 본인의 피에 흐르는 역

마살(?), 뜨거운 의지, 하나에서 열까지 완성을 위해 살아 온 삶이 담담하게 읊조려지는 어느 한 사람의 걸음을 따라가 보면 지금도 사회적 구성원으로써 한 몫을 해내고 있는 옹골진 자부심을 만나 보게 된다.

사람 '부창민'은 강하다.
그래서 늘 에너지에 과부하가 걸리는 열혈작가다.